创新乡村振兴发展模式

——田园综合体

发展创建与案例研究

张天柱 主编

中国科学技术出版社

·北 京·

图书在版编目（CIP）数据

创新乡村振兴发展模式：田园综合体发展创建与案例研究 / 张天柱主编. —北京：中国科学技术出版社，2018.11（2023.6 重印）

ISBN 978-7-5046-8031-0

Ⅰ. ①创… Ⅱ. ①张… Ⅲ. ①农村经济发展—研究—中国 Ⅳ. ① F323

中国版本图书馆 CIP 数据核字（2018）第 090026 号

策划编辑	李　镅
责任编辑	李　镅
装帧设计	中文天地
责任校对	焦　宁
责任印制	马宇晨

出　　版	中国科学技术出版社
发　　行	中国科学技术出版社有限公司发行部
地　　址	北京市海淀区中关村南大街 16 号
邮　　编	100081
发行电话	010-62173865
传　　真	010-62173081
网　　址	http://www.cspbooks.com.cn

开　　本	787mm × 1092mm　1/16
字　　数	160 千字
印　　张	11.5
版　　次	2018 年 11 月第 1 版
印　　次	2023 年 6 月第 5 次印刷
印　　刷	涿州市京南印刷厂
书　　号	ISBN 978-7-5046-8031-0 / F · 863
定　　价	56.00 元

本书编委会

中国农村地域广阔，农业历史文化源远流长。农业农村农民问题是关系到国计民生的根本性问题，如果没有农业农村的现代化，也就无法实现国家的现代化。按照党的十九大提出的"产业兴旺、生态宜居、乡风文明、治理有效、生活富裕"总要求，乡村振兴成为实现我国农业强、农村美、农民富的重要战略。

随着中国特色社会主义建设进入新时代，我国农业农村发展不断迈上新台阶，并已进入新的历史阶段。但是，农业农村发展不平衡、不充分的问题依然严峻；国内农产品尚不能完全有效供给，与国外低价农产品的价格和质量竞争力有待进一步提高；农村资源环境承载能力渐趋极限，同时绿色生产动能尚显不足；我国城市化及工业化发展加速了农村空心化和人口老龄化进程，乡村社会功能逐步退化，农村基本公共服务缺位，城乡差距不断拉大。这一切都使得农村成为城乡一体化建设和"新四化"发展中的突出短板。

基于此，上述问题需要应用创新发展的模式和全新的业态，通过合理统筹的思路才能得以解决。田园综合体就是在乡村振兴战略下应运而生的一种农业农村发展的创新模式。它是实现中国农业现代化（绿色化）、乡村田园化和社会经济全面发展的一种可持续发展模式，是发展乡村新业态的新举措。

2017 年中央一号文件在保持过去政策连续性和稳定性的基础上提出建设田园综合体，以期推动农业现代化与城乡一体化互促共进、加快培育农业农村发展新动能、提高农业综合效益和竞争力。建设田园综合体顺应我国农业农村发展的历史性变化和趋势，反映了农业农村内部和外部的客观要求。

本书在综述我国不同时期出现的多种类型综合体的概念与内涵、发展历程、意义与作用、分类与特征的基础上，提出我国田园综合体的发展背景，借鉴国外类田园综合体发展模式，进而阐释我国田园综合体的发展现状，并探究未来的发展趋势。

中国农业大学农业规划科学研究所（以下简称规划所）长期从事各类涉农园区规划、城乡规划等工作，在全国各地自主或合作建设了多个农业园区，在业内有一定的影响力和认可度。同时，规划所积极参与田园综合体发展研究以及相关地方标准的制定等工作，在规划设计、建设运营等方面积累了宝贵的经验，并积极探索以农业嘉年华为核心驱动力的乡村振兴发展创新模式。本书系统解析了 2017 年申报成功的国家级与省级田园综合体试点项目和国内相似案例，总结剖析了规划所多年来累积的实践案例，希望能够为参与田园综合体建设的各类主体单位、规划者和管理运营者开辟一个了解田园综合体发展理论和实践进展的窗口，为地方政府或企业进行田园综合体建设提供借鉴。

张天柱

2018 年 10 月 1 日

目 录

第 1 章　田园综合体概论　　　　　　　　　　　　001

　　1.1　从综合体到田园综合体的发展　　　002

　　1.2　田园综合体概念的形成　　　　　　022

　　1.3　田园综合体的发展特征　　　　　　026

　　1.4　田园综合体的意义与作用　　　　　030

　　1.5　国家田园综合体的发展历程　　　　033

第 2 章　田园综合体发展思路　　　　　　　　　035

　　2.1　田园综合体的发展原则　　　　　　036

　　2.2　田园综合体的功能定位　　　　　　038

　　2.3　田园综合体构建的业态板块　　　　041

　　2.4　田园综合体的组织运营模式　　　　044

第 3 章　田园综合体发展方向　　　　　　　　　053

　　3.1　田园综合体发展中的制约因素　　　054

　　3.2　田园综合体发展建议　　　　　　　057

　　3.3　田园综合体发展趋势　　　　　　　060

第 4 章　田园综合体的创建　　　　　　　　　　063

　　4.1　2017 年国家级与省级田园综合体试点项目及
　　　　扶持资金　　　　　　　　　　　　064

　　4.2　国家级田园综合体试点申报流程及要求　　068

第 5 章　田园综合体案例借鉴　　073

　　5.1　2017 年国家级与省级田园综合体试点项目解析　074

　　5.2　国外田园综合体发展经验借鉴解读　100

　　5.3　国内田园综合体发展启示借鉴解读　109

第 6 章　田园综合体实践案例解析　　121

　　6.1　实践案例分类　122

　　6.2　山区发展类型案例解析　125

　　6.3　平原地区发展类型案例解析　147

　　6.4　田园综合体实践研究成果　156

附　录　　161

　　附录 1　中央、国家部委田园综合体相关政策及
　　　　　　规划目录　162

　　附录 2　省级田园综合体政策目录　164

　　附录 3　部分专家观点目录　166

参考文献　　169

第1章

田园综合体概论

1.1　从综合体到田园综合体的发展

1.2　田园综合体概念的形成

1.3　田园综合体的发展特征

1.4　田园综合体的意义与作用

1.5　国家田园综合体的发展历程

1.1 从综合体到田园综合体的发展

综合体是指，将两种以上不同结构原则相互结合所构成的聚集体，其主要特点是具有极大的自由度。随着社会发展进程，综合体（表 1-1）在不同业态中逐步衍生出各种独具特色的类型。

表 1-1　综合体概念与内涵

定　义	两种以上不同结构原则相互结合所构成的聚集体
特　性	成功与否取决于功能整合带来的 1+1>2 的效能
核心要素	功能整合，效益扩大；围绕核心要素，延展复合化功能
核心价值	引领"生活模式的转变"，满足和进一步引导大众消费需求

20 世纪 90 年代初，随着我国社会经济发展水平的提升和城市化进程的加快，综合体首先被应用到城市建设发展中，出现了城市综合体的雏形，此后逐步演化，渐次出现了旅游综合体、商业综合体、新型农村综合体、农业综合体和农业休闲综合体等，在新时代下出现了田园综合体。

田园综合体是农业农村发展的必然产物，是综合体在乡村中发展的一种类型。随着城镇化水平的提升，农村土地集约化、规模化水平不断提高，农村一二三产业融合、城乡融合快速发展，综合体模式形态不断创新发展，进而发展到田园综合体类型。

下面阐述在综合体发展的时间序列中出现的各种类型综合体（图 1-1）的概念和内涵，并对其发展历程、意义与作用、分类以及特征进行解析，为田园综合体的发展创建与案例研究提供支撑。

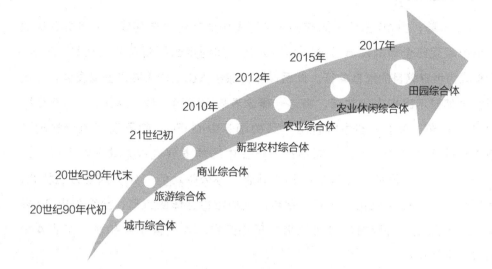

图1-1 综合体概念起步的时间序列图

城市综合体

（1）概念和内涵

在我国城市化的发展进程中，出现了一种为众多开发商所青睐的商业地产模式——城市综合体[1]，它是以建筑群为基础，融合商业零售、商务办公、酒店餐饮、公寓住宅、综合娱乐五大核心功能于一体的"城中之城"，是多功能聚合、土地集约的城市经济聚集体。大型城市综合体适合经济发达的大都会和经济发达城市，建筑群在功能选择上要根据城市经济发展特点的不同有所侧重，一般来说，酒店功能或者写字楼跟购物中心功能是最基本的组合。

城市综合体的出现具有其必然性，因为城市作为一个庞大的聚集体，当人口汇集、土地开发利用紧张到一定程度的时候，为实现有限空间范围内的经济价值最大化，在相应区域的核心部分就会出现这种兼容城市多种功能的综合物业。由于这种地产开发形式涵盖多元业态，商业竞争力尤为突显，在很大程度上缓解了传统城市发展模式的局限性，万达广场就是城市综合体中的典型代表。

（2）发展历程

80 年前，由 19 栋建筑组成的洛克菲勒中心在纽约市落成，为世界各地的大都市展现出全新的发展理念，其对公共空间利用的创新和商业功能的融合，令其成为世界瞩目的财富象征。此后，城市综合体在全球大城市普遍发展，亚洲国家对其显示出极大的热情，将这一概念表现得淋漓尽致。从东京 1160 公顷的"城中城"六本木到中国香港中环的国际中心 IFC，都展现了融合当地城市文化的商业精华。然而，城市综合体在中国的发展进程并非一帆风顺，改革开放初期，我国城市建筑的购物、酒店和办公等功能尚处于独立分割状态，直到 20 世纪 90 年代初，才开始逐步出现城市综合体的雏形，至今仅有 20 多年的发展历史，可以将其分为雏形、早期开发、大规模孕育和快速扩张 4 个阶段，见表 1-2。

表 1-2　中国城市综合体发展历程

发展阶段	雏　形	早期开发	大规模孕育	快速扩张
时　期	20 世纪 90 年代	21 世纪初	自 2008 年始	自 2009 年始
阶段特征	数量极少，项目规模 10 万~20 万，仅在北京、上海	数量增加，项目规模增加到数十万，集中在一线城市	大规模开发，项目规模过百万，扩张到二三线城市	数量激增，项目规模增大
开发初衷	北京、上海市中心人口激增，土地承载力饱和	一线城市城市化进程加快，对城市综合体需求增加	政府旧城改造，重点开发商主动出击	政府"保八"目标工程，城市发展新动力
开发结果	城市综合体试水	一线城市综合体规模增大、数量增多	二三线城市和副中心综合体数量增多	二三线城市以及新区综合体增多
代表案例	北京国贸中心、上海商城	上海恒隆广场、北京千禧东方广场	万达广场	华润万象城、中粮大悦城

（3）发展意义与作用

城市综合体可以起到提升城市形象和优化整体商业环境的作用，建设城市综合体，既有利于培育高品质的产业发展载体，又有利于打造高端城市功能平台，同时还能提升城市商业、旅游和服务等综合水平，增强对城市周边地区发展的辐射带动功能，为我国经济发展转型升级提供有力支撑。

城市综合体通常位于城市核心地段，随着其建设规模不断扩大，城市副中心区以及新城区将渐次催生城市综合体，相邻几个城市综合体以其各自不同的规模、功能及市场定位相互补充，进而形成联合型城市综合体结构，乃至形成新的城市中心区。

推进城市综合体建设有利于提高城市土地资源利用的集约化程度，改善城市交通拥堵状况，吸引国内外一流企业、一流人才，并聚集资金、技术和信息等资源，为城市现代化建设提供源源不断的动力。

（4）分 类

城市综合体由于其所处城市级别、所处地段、核心物业功能和项目开发驱动模式不同等因素，可从多维角度进行分类，详见表1-3至表1-6。

表1-3　按项目所处城市级别分类

城市级别类型	说　明	代表案例
一线城市	北京、上海、广州、深圳	北京国贸中心、深圳华润万象城
二三线城市	对国家经济和社会发展影响作用较大的大城市、比较发达的中小城市	郑州国贸中心、西安绿地世纪城

表1-4　按项目所处地段分类

所处地段类型	说　明	代表案例
城市核心型	城市核心区有庞大的人流和消费基础	北京万达广场
城市副中心型	城市副中心孕育城市新经济增长点	上海港汇恒隆广场
城市新区型	城市新区的中心	宁波万达广场

表1-5　按项目核心物业功能分类

核心物业功能类型	说　明	代表案例
商业核心型	城市核心区、主干道沿线；区域功能缺乏、需求旺盛；人流及商业气氛浓郁	深圳华润中心、日本福冈博多运河城
酒店核心型	靠近城市核心区、主干道沿线、交通可达性良好；开发商拥有足够经济实力，顶级商场配套设施；商务客户支持	上海商城

核心物业功能类型	说　明	代表案例
写字楼核心型	商务核心区、写字楼带动其他功能；产业簇群影响其定位规模与档次，顶级商场配套设施；客户（产业）支撑	广州中信广场
住宅核心型	区位条件不够好，以居住为主体的片区，但居住人口有限；商业成熟度不高，有待后续开发，但往往规模不大	深圳星河国际、万科运河东1号
会展核心型	政府引导性政策明显，政府前期投入大量资金；前期公共基础配套投入较大，建设周期较长，整体依赖政府维护；拥有一定会展基础，便于后期开展会展业务	武汉国际博览中心
均衡发展型	CBD/城市中心、主干道沿线/地铁口；建筑面积20万平方米以上，开发商实力强劲、经验丰富；物业管理专业、经营管理能力强	中国香港太古广场

表1-6　按项目开发驱动模式分类

开发驱动模式类型	说　明	代表案例
商务驱动型	项目前期形成较强的产业链集群效应	北京东方广场、广州中信广场
商业驱动型	商业带动项目区域的人气提升	深圳华润中心、日本福冈博多运河城
住宅驱动型	新造城镇；住宅部分拥有相当规模；由知名开发商大体量开发，支撑综合体的整体运营	美林湖国际社区、深圳星河国际
会展驱动型	前期需要政府大力支持；会展本身经济效益很小，通过会展业驱动、带动周边发展，产生巨大的经济效益；有强大的产业、贸易支撑	武汉国际博览中心
品牌驱动型	开发方拥有知名品牌或引入知名品牌；通过融入先进的开发理念形成城市轰动效应，提升项目整体影响力	万达广场

旅游综合体

（1）概念和内涵

旅游综合体[2-4]是借鉴城市综合体的理念从旅游发展的角度提出的概念，

也可称为休闲综合体或度假综合体，是指基于一定的旅游资源与土地基础，以旅游休闲为导向进行土地综合开发而形成的，以互动发展的度假酒店集群、综合休闲项目、休闲地产社区为核心功能构架，整体服务品质较高的旅游休闲聚集区。旅游综合体作为聚集综合旅游功能的特定空间，既是一个泛旅游产业聚集区，也是一个旅游经济系统，且有可能成为一个旅游休闲目的地。

继旅游综合体之后又发展出城市旅游综合体的概念，即在城市发展的过程中由各种产业要素在特定地理空间聚集所形成的一种组织模式，通过旅游、休闲、娱乐等产业形态的有机融合实现产业规模扩大和地域空间扩张，从而优化城市资源的利用和配置，使以旅游产业为核心的特定地域空间，在城市发展过程中达到内、外部的协调统一。

（2）发展历程

随着我国工业化和城镇化的快速发展，居民日益增长的大众化、多样化消费需求为旅游业发展提供了新的机遇。经过多年发展，我国旅游业已经从观光旅游到休闲旅游和体验旅游，从观光为主的"门票旅游时代"向深度休闲度假的"泛旅游时代"转变，旅游产品不断升级迭代。在泛旅游的大时代背景下，旅游市场份额的角逐在很大程度上取决于旅游目的地的整体设施配套、产业配套水平以及服务质量优劣。那些融合了观光、游乐、休闲、运动、会议、度假、体验、居住等多种旅游功能的旅游综合体，将最终成为能够满足人们多样化度假需求的必选旅游目的地。

1992 年国务院批准建设 12 个国家级旅游度假区，标志着我国旅游综合体建设序幕的开启。旅游度假区成为旅游休闲功能最集中、发展最成熟、已形成相当规模的一类旅游综合体。目前，为满足国内外游客的旅游休闲需求，全国各地已经建成和在建的国家级、省级旅游度假区已有上千家，形成了滨海、山地、内湖、温泉、主题游乐、旅游小镇等系列，其中不少旅游度假区在设施和服务质量方面正朝着国际高端旅游度假产品的目标迈进。

随着大众旅游时代的到来和游客对旅游消费需求的不断升级，旅游综合体日益受到游客的青睐，成为旅游投资界的新宠。据全国旅游项目管理系统统计显示[5]，截至 2016 年 11 月，全国在建的旅游综合体项目 2027 个，占全部在建旅游项目数量的 19.2%；预计总投资 52235.7 亿元，已完成投资 12253.2 亿元，占全部旅游总投资的 38.8%。其中，投资额在 100 亿元以上的大型旅游综合体项目 131 个，已完成投资 3529.3 亿元；投资额在 200 亿以上的大型旅游综合体项目 45 个，已完成投资 1492.6 亿元。

（3）发展意义与作用

旅游综合体的出现标志着我国旅游产业从传统业态、单一功能向多种业态、综合开发的不断推进，是丰富旅游产品结构、促进旅游产业转型升级、塑造旅游品牌、加速旅游业与国际接轨的新地标。近年来，政府机构、旅游集团和地产企业，在区域土地综合开发项目上越来越多地指向旅游综合体这一全新模式。这一趋势在未来 5 年甚至更长一段时期内必将延续下去，这既是我国旅游产业转型和地产开发创新的方向，也是政府引导区域经济发展结构升级的举措。

旅游综合体在功能、业态以及项目类型上种类多样，通过提供具备吸引力的体验内容吸引游客聚集，从而产生极大的聚集效益和经济带动作用，旅游综合体的建设也将带动目的地的城市化进程，形成游憩区、度假区、会展区、娱乐区、步行街区、购物游憩区及旅游小城镇等，并进一步推动区域型旅游地产和商业地产发展。

（4）分 类

旅游综合体作为综合体的一种特殊类型，表现形式多种多样，根据旅游综合体所依托的核心旅游资源类型的不同，可将其划分为 4 类，详见表 1-7。

表 1-7　按项目所依托核心旅游资源分类

所依托核心旅游资源类型	说 明	代表案例
自然旅游资源型	地文景观、水域风光	广东珠海海泉湾度假区
人文旅游资源型	遗址遗迹、建筑设施	"大美丽洲"旅游综合体
主题公园型	游乐园、主题公园	迪士尼乐园、深圳华侨城
社会类旅游资源型	设施、事件、活动、环境	杭州南宋御街旅游综合体

旅游综合体根据其所依托的核心资源、核心产品或核心功能，即旅游项目开发的驱动模式进行分类，详见表 1-8。

表 1-8　按项目开发驱动模式分类

项目开发驱动模式类型	代表案例
温泉旅游型	广东珠海海泉湾度假区、北京温都水城、柏联 SPA
滨海旅游型	海南清水湾、新加坡圣淘沙
主题公园旅游型	深圳华侨城、北京华侨城
乡村旅游型	成都五朵金花
运动旅游型	深圳观澜湖高尔夫、杭州富春山居高尔夫
文化创意旅游型	杭州南宋御街、西安曲江新区
主题酒店旅游型	西溪天堂、澳门威尼斯人度假村
休闲商业旅游型	上海新天地、北京什刹海
生态休闲旅游型	东部华侨城、恩龙世界木屋村
休闲新城旅游型	甘肃冶力关、京津新城
休闲养老型	南京泰乐城、无锡九如城
森林、湿地等旅游型	玉屏山森林度假村、美的鹭湖森林度假区；四川省邛海泸山景区、黑龙江省扎龙生态旅游区

根据城市旅游综合体在核心驱动力、主导功能、空间布局和表现形态等方面的差异，即按照旅游项目开发导向差异化将其划分为资源导向型、市场导向型和创意导向型 3 种类型，详见表 1-9。

表 1-9　按项目开发导向差异化分类

开发导向类型	核心驱动力	主导功能	空间布局	表现形态	代表案例
资源导向型	传统的旅游资源	旅游、休闲度假等	资源依赖性较强，随核心资源的空间分布特征而定，具有不确定性	旅游、休闲度假区	西安曲江旅游度假区、吉林长白山旅游度假区
市场导向型	集中分布的市场	商务、会展、都市休闲等	一般布局在有庞大人流和消费基础的城市中心或郊区	城市游憩商务区	北京万达广场、上海青浦奥特莱斯
创意导向型	基于文化的产品	娱乐、演艺、文化活动等	一般布局在地价相对较低、用地限制相对较小的城市边缘	文化娱乐主题功能区	深圳华侨城、杭州宋城等

商业综合体

（1）概念和内涵

商业综合体[6,7]的概念源自城市综合体，是将城市中商业、办公、交通、居住、酒店、展览、餐饮、会议、文娱等城市生活空间中 3 项以上的功能进行组合，并在各部分间建立一种相互依存、相互裨益的能动性关联，从而形成一个多功能、高效率、复杂且统一的聚集体。商业综合体是集消费、娱乐和休憩于一体的体验式消费商业模式，一般为单栋的商业综合体建筑和多栋的商业综合体建筑，我国以万达广场为代表。

（2）发展历程

商业综合体最早出现在第二次世界大战之后，随着参战各国经济复苏，居民消费观念逐渐由单一购物模式向集消费、娱乐和休憩于一体的体验式商业消费模式转化，传统零售业的主导地位和传统的百货商店类商业建筑逐渐被能够满足多种消费活动需求的新型商业建筑形式——城市商业综合体所取代，其发展主要经历了以下 3 个阶段。

①早期规模巨大的商业聚集体逐步通过建筑的组合，形成开放性的城市公共空间，但尚未形成人性化的步行系统，如美国洛克菲勒中心。

②20 世纪 60 年代初期，欧美国家城市郊区的综合体建筑开始与商业步行街结合，实现人车分流，出现了与外界环境隔离的室内步行街，如美国休斯敦长廊。

③20 世纪 60 年代末至 70 年代初，出现了以中庭为标志的商业综合体建筑，商业空间的趣味性和功能整合力大大提升，如美国明尼阿波利斯中心。

近年来，我国城市经济发展迅速、人口聚集、土地资源稀缺，为了提高城市土地利用率、满足商业活动的多种需求和改善城市交通拥堵状况，商业综合体迅猛发展起来。

目前，我国商业综合体开发面积存量巨大，2014 年上半年全国主要城市商业综合体存量面积超过 3.0 亿平方米。2014 年，国内主要城市的商业综合体个数达 885 个，较 2013 年增长 24.47%；至 2018 年，商业综合体的年开发量将保持在 1200 个左右。国内开发商较为激进，二、三线城市商业综合体布局广泛、扩张速度快，一线城市的商业综合体规模发展势头最猛，集中分布在经济发展力较强的城市[8]。

（3）发展意义与作用

随着城市经济发展，商业区在城市中的地位越来越高，商业综合体作为商业区的重要组成部分日趋增多。在形态上，商业综合体的规模越来越大，形态日趋多样化，其庞大的体量和形态对城市产生了巨大影响。在功能上，商业综合体融合多种功能，起着联结和聚合城市多种功能的作用。在建筑上，商业综合体的内部空间、交通、景观与城市空间、交通、景观融为一体，难分内外，其空间、流线、景观互相渗透，有机融合。这些使得商业综合体既成为城市的催发剂，以新的形象重塑当地景观和环境；又成为城市场所转换的中介，连接多种交通系统、提供多种活动空间。商业综合体在高效利用城市资源、优化城市空间环境、提高城市空间价值、满足城市生活方式的变化方面具有重大意义与作用。

（4）分 类

商业综合体是适应于城市土地资源的高度集约化利用要求而产生的，因此分布在城市的核心区域和未来发展的核心区域，一般分为单栋或多栋的商业综合体建筑，详见表1-10。

表1-10　按项目建筑组合类型分类

建筑组合类型	说　明
单栋的商业综合体建筑	一般采用内向封闭式建筑形态，仅在出入口处与城市公共空间相衔接，出入口尽量靠近交通流量大的城市道路或与城市交通结合设计，竖向交通以自动扶梯为主，配合坡道、市内的景观电梯等元素；开放空间具有线性的街道空间和节点型的中庭空间等；空间结构平面布局方式有迴游式、穿越式和网络式
多栋的商业综合体建筑（多见于旧城区改造）	一般位于城市中心区和社区中心；以一个片区或街道为主轴，集中了各种高级专卖店、普通商店及中心综合百货店，并设有影剧院、体育设施、餐饮店、步行街等

（5）特 征

商业综合体按照其空间类别分为外部和内部两大类，其具体特征见表1-11。

表 1-11 商业综合体特征

空间类别	特 征	说 明
外 部	高通达性	位于城市交通网络发达、城市功能相对集中的区域；拥有与外界联系紧密的城市主要交通网络和信息网络
	高密度、集约性	高楼林立，城市标志；人口密度大，昼夜人口、工作日与周末人口分类聚集，因功能不同而形成互补
	整体统一性	建筑风格统一，各单体建筑相互配合、影响和联系；与外部空间整体环境统一、协调
	功能复合性	实现完整的工作、生活配套运营体系；各功能之间联系紧密，互相补充，缺一不可；服务范围也已从单纯的购物增加为商业、休闲、娱乐、餐饮、健身保健，甚至包括教育、办公、小型医疗等一体、多样化"一站式服务"
内 部	大尺度空间	室内外空间较大；巨大的规模对视觉产生极大刺激，良好的设计极大提升城市的形象，创造出宜人的空间尺度，优化城市整体空间效果；多种功能空间共享，形成城市的活力空间；消费体验空间成为商业活动空间的重要内容，从而满足人们对购物消费和体验娱乐的多元化需求。既与城市规模相匹配，又与建筑功能的多样化相匹配，成为多功能的聚集焦点
	通道树型交通体系	内部交通和公共空间相互贯穿；与城市交通系统有机联结，组成一套完善的通道树型交通体系
	现代城市景观设计	通过标志物、小品、街道家具、植栽、铺装、照明等手段，形成丰富的景观与宜人的环境
	高科技集成设施	高科技和高智能的集合；先进的设施充分反映出科学技术的进步

新型农村综合体

（1）概念和内涵

新型农村综合体[9]是在政府大力推进城乡统筹、建设美丽乡村的大背景下提出的，可以使农民就地城镇化。我国商业综合体多年的发展经验，也为新型农村综合体的发展提供了借鉴。

新型农村综合体以创意现代农业为核心，通过发展乡村旅游，打造景观产业园和乡村度假产业园吸引周边市场客群，逐步融合种植业、养殖业、加工业、服务业、旅游业、农村地产、商业、娱乐业，形成多个产业聚集区，完成农村经济区域聚集过程，实现农业人口就地城镇化，依靠市场机制，通过产业链整合和完善，形成有经济辐射力和带动力的创意农业聚集体。新型农村综合体真正做到了实现"四区"，即集中居住小区、农村服务社区、现代农业园区①、乡村旅游景区，发挥"六大功能"，即产业规模形成、农民创收致富、传承城乡文明、优化人居条件、改变农民身份、缩小城乡差别。

新型农村综合体旨在深入解决"三农"问题，核心是建设集中居住点，纽带是农村产业发展和社会服务，路径是集农业生产与农民生活于一体，更加强调区域空间的聚合性与生产生活功能的配套性，突出多种生产生活要素的集约优化配置。

（2）发展历程

2005年10月，党的十六届五中全会通过《中共中央关于制定国民经济和社会发展第十一个五年规划的建议》，提出要按照"生产发展、生活宽裕、乡风文明、村容整洁、管理民主"的要求，扎实推进"社会主义新农村"建设。这无疑是在新的历史背景下，在全新理念指导下的一次农村综合变革。

当代农业生产发展已由增加数量为主转向提高质量为主；农村土地承包制以户为单位的单家独户的"小打小闹"，即零星分散的经营，越来越难以适应当前更加激烈的市场竞争；农业增长方式越来越依赖于科技进步和物质投入。为应对和解决这些新情况、新问题、新矛盾，新型农村综合体应运而生。

2010年9月，四川省委在总结现有的新农村建设，特别是针对统筹城乡综合改革试验区和灾后重建成功的经验基础上，在"深入实施西部大开发战略工作会议"上针对目前建成的美丽新村大多规模较小、辐射人口不多、配套设施不合理、形成浪费和闲置、不方便农民生产和生活等问题，正式提出要建设"新农村综合体"这一崭新的新农村建设模式。2012年6月7日，四川省住房和城乡建设厅发布了《四川省新农村综合体建设规则编制技术导则（试行）》、《四川省新农村综合体建设规则编制办法（试行）》。针对农村发展的现状，各级政府紧密结合当地发展的实际情况，积极推进新农村综合体模式在农村建设中的应用。

---

① 现代农业园区：指相关经济主体根据农业生产特点和农业高新技术特点，以调整农业生产结构、展示现代农业科技为主要目标，利用已有的农业科技优势、农业区域优势和自然社会资源优势，以高新技术的集体投入和有效转化为特征，以企业化管理为手段，进行研究、试验、示范、推广、生产、经营等活动的农业试验基地。

2012年，成都市委、市政府在新农村综合体建设中提出运用统筹城乡改革的思路和办法，按照"宜聚则聚、宜散则散"和"四态合一"理念，探索创新"小规模、组团式、微田园、生态化"（"小组微生"）新农村综合体建设模式。通过近5年的探索，共建设"小组微生"新农村综合体123个，总投资58.1亿元，超过2万户约8万人入住新居；预计到2025年，新农村综合体将达500个以上。"小组微生"新农村综合体建设成为成都幸福美丽新村建设的重要形式，被群众称为"新农村建设的2.0版本"。

（3）发展意义与作用

当前，我国农业发展总体上已进入加快改造传统农业、走中国特色农业现代化道路的关键时期。要实现传统农业向现代农业转化，科技示范引路势在必行，这无疑给现代高效农业示范园走新型农村综合体之路带来了机遇。

新型农村综合体下的农户居住规模较大，产业支撑发展有力，基础设施配套齐全，公共服务功能完善，组织建设和社会管理健全，是充分体现城乡一体化格局的农村新型社区。推进新型农村综合体建设，不仅可以更大范围、更加有力地引领农民在一二三产业的就地交融中实现充分就业，保障农民增收致富，而且能够更大规模、更加有效地为农民提供优美的居住环境和为农业生产提供周到的技术服务。因此，推进新型农村综合体建设是统筹城乡发展在新阶段取得新突破的内在要求，是对新农村建设理论和实践的丰富和发展，符合农村实际，农民高度认同，有利于加快城乡经济社会一体化，有利于改善农村生产生活环境，有利于更好地聚集和整合各类要素，有利于提升新农村建设的整体水平，有利于加快农村全面小康社会目标的实现，意义重大而深远。

（4）特　征

新型农村综合体是一种规模大、功能多、效率高的农村新型社区，具有设施的配套化、要素的系统化、功能的复合化、产业的规模化、人口的聚居化、城乡的融合化和发展的现代化等七大特征[10]，详见表1-12。

表 1-12　新型农村综合体特征

特　征	说　明
设施配套化	要求有较完善的内外道路等基础设施、医疗等公共设施和社会事业、银行网点等商业设施；综合考虑村落居民与产业发展、基础设施、公共设施、社会事业和商业设施之间的总体配套与协调；从整体上提升和改善农村生活生产条件，与区域性城镇化过程形成良性互动
要素系统化	要求以一个整体系统建设、运营和管理，不依靠某单个要素或组织运转；村落民居、产业发展、基础设施、公共服务、社会建设等要素缺一不可，各要素间构成共生互补的能动关系
功能复合化	既要满足以农民为主体多种组织的生产需要，又要满足农民生活需要，是由产业功能、居住功能、生活功能、生态功能、社会功能等多种功能组成的联合体；既要追求经济效益，又要追求生态和社会效益
产业规模化	是实现传统农业向现代农业转型的有效载体；产业功能将其产品功能向更广泛的生态保护、休闲观光、文化传承等领域扩展，有利于延伸产业链，增加产业附加值；推动产业的规模化和基础设施共享
人口聚居化	是对农村现有资源更加合理有效地配置、优化组合，引导农民集中居住，形成要素聚集的新型社区；具有一定的生活生产半径，使集中居住适度
城乡融合化	具备城镇与农村的多重功能，是形成城乡经济社会一体化新格局的重要载体；既在地域上实现城乡融合，又包含着城乡经济、产业、劳动力及文化等的多重融合；且是一种开放性的融合，对城乡物质、文化包容性强
发展现代化	其现代性表现在空间形态、主体、公共服务和社会管理等诸多方面，尤其强调农民的现代性；城乡融合将大大提高农民的现代综合素质

农业综合体

（1）概念和内涵

农业综合体是我国农业园区发展到新阶段的产物。田园综合体的发展与农业综合体关联最深。

农业综合体的概念由陈剑平院士（2012）借鉴城市综合体概念提出，它是发展现代农业的新型载体，是在区域经济社会发展到较为发达阶段时对长期以来农业园区实践的不断总结的基础上提出的一个现代农业发展新概念，既脱胎于农业园区又高于农业园区，可以说是现代农业园区的"升级版"。彰显鲜明的"五新"（新理念、新内涵、新模式、新机制、新使命）时代特征。农业综合体既解决产业问题，又解决一个村、一个园区的农业发展和就业问题，还解决农民的住房和生活问题[11]。

章伟江（2014）指出农业综合体是以发展现代农业为核心，以整合农业资源要素、农业产业链和城乡空间为目标，以创新培育现代农业产业综合经营体系和建设社会主义新农村为主要任务，是集农业产业新园区、农业科技新城区、农民生活新社区和农村休闲新景区为一体的区域农业农村经济、文化、科技服务聚集新平台和发展新载体[12]。

（2）发展历程

2012年11月3日《农民日报》全文刊载了陈剑平院士的文章《农业综合体：区域现代农业发展的新载体》，随后人民网、《浙江日报》等国内外知名媒体都转发了该文。与此同时，时任农业部副部长余欣荣、浙江省省委书记赵洪祝、浙江省省长夏宝长等对此给予高度评价，并鼓励相关单位积极研究、探索发展途径。浙江省农业科学院承担了省发改委课题《现代农业综合体建设模式与发展战略研究》，标志着新时期农业发展战略研究的新突破。浙江嵊州、奉化、庆元等地当时也已开展了不同程度的现代农业综合体建设。

规划所经过多年的探索和实践，依据经济发展水平、科技发展水平等主要社会发展要素，将农业园区发展与分化进行初步归纳。

我国农业园区大致经历了4个发展阶段（图1-2），目前已进入第四阶段——农业综合体阶段，且处于4个阶段类型并存的状态[13]。

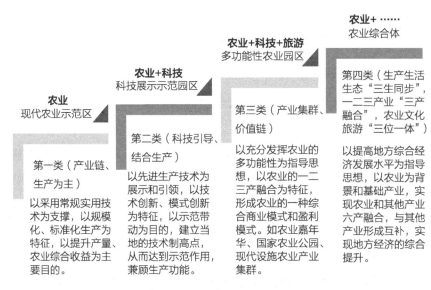

图1-2　农业园区的4个发展阶段及特征

（3）发展意义与作用

农业综合体是农业产业化发展的延伸，是农业项目的"龙头抓手"，其在经济发展新常态下的战略意义为：通过市场建设，完善经济结构和产业链的配置，形成具有产业互补、功能互动的农业综合开发项目，继而产生具有强聚集效益和强辐射功能的区域经济磁力，最终起到农业产业功能载体和农业区域经济中心的作用。通过现代农业综合体的建设，可以更好地解决农业生产、农产品质量安全、生态环境、农产品营销、农民收入、新农村建设以及农业科研、科技活力、农业科研机构改革及其科技运行模式创新等问题。

在现代农业领域，为了实现农业增效、农民增收、农村增绿的目标，农业综合体是一种比较理想的发展模式，是中国农业发展实现跃迁的新载体，是"六次产业"创新理念的一种新体现，是融合"生产、生活、生态"功能，集农业全产业链目标的整合、农业科技体系的支撑、现代农业经营体系的优化、多种类型农业园区的结合、一二三产业各领域全面拓展的新型复合载体，是中国农业发展的大趋势。

（4）特　征

农业综合体是农业产业在技术、创意、产业集成、产业融合、产业集群、产业链和价值链等方面的聚集体，具有创新性、复合性、协同性、融合性、增值性等特征。它是由设施农业不断融入观光农业、创意农业、科技农业、现代农业等要素所形成的新型农业园区，是经过持续发展形成的泛农业产业园区。新一代农业产业发展是以农业综合体的发展思路，建设一个能够体现农业同多种产业复合功能的多种创新业态集群展示空间，并形成一定价值链的综合性、多元化、创新型的新一代农业发展示范区，成为推动城乡统筹和生态文明建设，构建中国美丽乡村的重要组成部分。

（5）建设路径

创建现代农业综合体是一项十分复杂的系统工程，没有现成的模式和经验可以借鉴，必须重视转变发展思路，创新发展机制，探索发展模式。规划所经过多年的实践和探索，现将当前我国农业综合体的建设路径划分成 4 条，详见表 1-13。

表 1-13　农业综合体的建设路径

建设路径	说　明
一村一体	以村庄为基础，依托某一地区建设领先的新农村和美丽乡村来推进农业综合体建设。该建设路径的核心是以多村的资源环境为载体，以乡村的外围环境为基础，以乡村的特色产业和地域文化为支撑，以美丽乡村建设成果为切入点，以养生养老产业发展为契机，以文化创意性、产业特色性为核心
一园一体	以园区为基础，依托某一地区规模化、综合型的一个或几个农业园区的转型升级来建设农业综合体。农业园区向现代农业综合体转型升级，其核心是要因地制宜、发展区域优势产业，创新机制、提高农业综合效益，推进产业化经营，强化对农户的带动和辐射作用，推动区域农业从农业园区阶段向农业综合体阶段转变
一企一体	以实力雄厚的企业为发起者，依托单个或多个企业或以农民专业合作社作为建设主体，联合多方力量发起筹建农业综合体。现代工业的专业化分工、规模化经营、设施化种养、企业化管理、标准化技术、信息化控制、品牌化营销的生产经营管理模式，越来越多地被现代农业所采纳
一业一体	以产业集群为基础，依托某一地区的主导产业和特色产业来建设农业综合体。可精选市场潜力大、覆盖面广、发展基础好、有龙头带动的区域优势特色主导产业，通过培育和建设，使之成为农业综合体的核心

农业休闲综合体

（1）概念和内涵

　　农业休闲综合体是在休闲农业和旅游综合体概念基础上形成的，是都市周边乡村在城镇化发展进程中出现的一种新型发展模式。

　　在架构上，农业休闲综合体在旅游综合体和农业综合体构架下，基于一定的农业资源与土地基础，将农业和休闲游憩相结合，以农业为切入点，以景观打造为基础，引入泛旅游产业，形成以旅游休闲为导向的土地综合开发。

　　在功能上，农业休闲综合体以农业为基础延伸产业链条，增加服务功能，以农业为依托，集合观光、休闲、娱乐、文创、研发、地产、会展、博览等3种以上相关功能为一体，在进行农业生产以及产业经营的同时，展现农业文化和农村生活，从而形成一个多功能、复合型、创新性的产业综合体。这种农业休闲模式既可以是一个农业园、一个农业区域，也可以是一个主题产业或者一个卖场，只要具备农业链条中的某一个环节，就都有可能通过合理的规划将其发展成为具有休闲特性的农业聚集体。

（2）发展意义与作用

农业休闲综合体的发展意义与作用见表1-14。

表1-14　农业休闲综合体的发展意义与作用

意义与作用	说　明
深化农村经营体制改革	打破分散经营的小农经济格局，推动土地所有权、承包权、使用权"三权分离"；创新农业产权制度、融资方式、农业功能、技术引进和推广、管理方式、产业组织方式；激发农村经济全面发展的潜能
提高农村土地利用效率	以市场配置土地资源，通过承包、租赁、购买、股份合作等形式，对农村的耕地、林地、园地、草地、水域等土地资源进行流转；实行适度规模经营
促进农业产业规模化发展	优化组合土地、资金、劳动力、技术及设备等生产要素；从"劳动力＋土地"的分散经营模式转变成"劳动力＋土地＋资本＋技术＋管理＋规模"的现代农业发展模式；带动农业向专业化、集约化、规模化、标准化、品牌化方向发展
提高农业产业综合效益	以生产产品和组织产品加工为目的，大投入、高产出，讲求规模效应；注重综合开发，种养加工一起上，产供销一条龙，农林牧渔齐发展，有利于挖掘产业要素潜力，改善农业基础条件，优化农业产业结构
增强农业抵御市场风险能力	以市场为导向培育农业合作经济组织，建立紧密的利益联结机制；使生产、加工、流通、投资、经营管理、科研融为一体
增强农业产业发展融资能力	将土地、劳动力、资金、管理、技术等生产要素以资本形式引入农村；积极引导社会资本盘活农村闲置资源，实现资源与资本的有效对接
加快推进城乡一体化进程	合理配置生产要素，集生产、加工、经营、旅游观光、农事体验、休闲娱乐、运动、住宿、餐饮、购物等功能于一体，延伸农业产业链；使现代农业与现代服务业、旅游业相结合，促进一二三产高度融合；形成以工补农、以城带乡、城乡互动的发展格局

（3）分　类

农业休闲综合体以农业庄园为主要开发模式，农庄作为一种农业产业化发展模式，能够将规模经营的理念引入农业生产经营当中，通过对资金、土地、劳动力及设备各生产要素的优化组合，加快推进农业的集约化，进而实现农业现代化。其典型的形式是：土地开发商通过购买土地使用权或租赁一定面积的土地，把土地相应地划分为若干等份，通过出售土地权益证或股份受益凭证面向社会招商融资，并实行统一规划、统一经营、统一管理。农业休闲综合体主要分为以下4种类型，详见表1-15。

表 1-15　农业休闲综合体的类型

类　型	常见形式	说　明
农业观光采摘庄园	采果园	利用果蔬生产场地、产品、设备、作业及成果做观光对象，发展产地采果业型农业观光
	挖掘园	种植甘薯及马铃薯、芋头、萝卜、胡萝卜、花生、竹笋等，在收获期间供学生和市民挖掘
	观光花园	栽培花卉、树木等观赏类植物，营造优雅的环境，打造生产和观赏相结合的花卉园
	药材园	利用本地山区野生药材资源优势，栽培并建立贵重药材或市场紧缺而需求量大的药材生产基地，如甘木通、肉桂等，进行规模化生产
农业产业庄园	农业庄园	以主导产品、产业为重点，优化组合各种生产要素，实行区域化布局、专业化生产、规模化建设、系列化加工、社会化服务、企业化管理，形成种养加、产供销、贸工农、农工商、农科教一体化的农业庄园
农业文化娱乐庄园	农事体验	闲暇时光居住，进行种花、种菜、修剪果树，采摘水果、蔬菜等农事活动，体验亲近自然的乐趣
	饲养珍贵动物	饲养羊驼、长颈鹿、藏獒等，并与其亲密接触，感受不同于家庭宠物的体验
	生态餐饮	庄园种植生态、绿色农产品，市民可以亲手采摘、烹调与品尝
农业养生度假庄园	养生度假	居地生态环境良好，设立会所提供康体休闲活动，如健身、SPA 疗养、海浴、盐浴等；种植生态、绿色果蔬，市民可参与采摘、制作罐头等活动，从游程到建筑类型、从销售方式到服务模式，均体现庄园的独有特色

（4）特　征

农业休闲综合体是产业模式升级：由单一的农业生产到泛休闲农业产业化、产品模式升级；从单一农产品到综合休闲度假产品和土地开发模式升级；从传统住宅地产到休闲综合地产升级。农业休闲综合体是三大升级共同作用的结果，其综合特征[14]包括以下 3 个方面。

①以一定的田园景观环境与农业生产生活为基础　农业休闲综合体以农林牧渔生产与经营活动和农村文化与农家生活为基础，充分利用田园景观、自然生态及环境资源，具有引领区域资源共生、聚合增值之特质。它以休闲观光为营销点，试图将全资源旅游化，并聚集、发展其他服务业。

②以观光休闲功能为核心　农业休闲综合体与传统农业最大的不同是，

具有服务业功能，且依托城市、服务于城市、受益于城市，强调城乡经济有机融合、人与自然和谐发展，这促使农业由第一产业向第三产业延伸。农业休闲综合体基于泛休闲农业产业综合发展的构架，融合观光、游乐、休闲、科普、会议、度假、居住等多种功能，且强调根据属地具体情况，侧重打造某一项或几项功能。

③以综合开发为主要手段　详见表1–16。

表1–16　农业休闲综合体的综合开发手段

综合开发手段类型	说　明
资源的综合开发	以农林牧渔生产与经营活动及农村文化与农家生活为基础，充分利用田园景观、自然生态及环境资源，合理组合生态农业与休闲旅游
产业的综合发展	由单一的农业生产到泛休闲农业产业化，包括旅游、休闲度假、地产、会展等
功能的综合配置	聚集多种旅游功能，既突出某项特色功能，又能一站式满足游客全方位的旅游体验需求
配套的综合建设	需要市政设施、基础配套、服务管理机构等各方面综合建设
目标的综合打造	以"城市特色功能区、新型城镇化典范、农业休闲示范区"为目标构架
效益的综合体现	是对农业产业化、农产品品牌、土地价值和区域经济效益的全面提升

1.2 田园综合体概念的形成

发展背景

随着我国经济发展进入新常态，国家实施了新型城镇化、生态文明建设、供给侧结构性改革等一系列战略举措。2017 年中央一号文件指出，经过多年不懈努力，我国农业农村发展不断迈上新台阶，已进入新的历史阶段。农业的主要矛盾由总量不足转变为结构性矛盾，突出表现为阶段性供过于求和供给不足并存，矛盾的主要方面在供给侧。近几年，我国农业发展在转方式、调结构、促改革等方面进行积极探索，为进一步推进农业转型升级打下一定基础，但农产品供求结构失衡、要素配置不合理、资源环境压力大、农民收入持续增长乏力等问题仍显突出，增加产量与提升品质、成本攀升与价格低迷、库存高企与销售不畅、小生产与大市场、国内外价格倒挂等矛盾亟待破解。

当前发展必须顺应新形势下的新要求，坚持问题导向，调整工作重心，深入推进农业供给侧结构性改革，加快培育农业农村发展新动能，开创农业现代化建设新局面。我国在推进创建农业供给侧结构性改革的抓手、平台、载体方面，提出建设"三区""三园"加"一体"的方针，这"一体"指的就是田园综合体。"三区、三园和一体"建设将优化农村产业结构，促进三产的深度融合，并聚集农村各种资金、科技、人才、项目等要素，推动现代农业加快发展。

在 2017 年 6 月召开的关于财政部国家农业综合开发办公室（以下简称国家农发办）田园综合体建设试点座谈会上，国家农发办卢贵敏主任精准地阐述了田园综合体提出的背景和原因，并于 2017 年 6 月 11 日在《农民日报》发表了题为《以农业综合开发为平台建设田园综合体试点》的文章，强调了推进田园综合体建设要重点把握 4 个方面的工作。

田园综合体是我国农业转型的需要。中央提出田园一体化的概念，目的是延伸农业产业，挖掘农业农村优势资源，在解决农民宜居宜业问题的同时，还要关怀城市居民的乡愁。要充分发挥农业综合开发的先进性，发挥先行先试的优势，采取一些有突破性的策略，为农业综合开发工作和"三农"发展探索出路[15]。

（1）积极探索农业转方式、调结构、促改革

①农业发展要求承担更多功能　当前我国经济发展进入新常态，地方经济增长面临新的问题和困难，尤其是生态环境保护工作的逐步开展对第一、二产业发展方式提出更高的"质"的要求，农业在此大环境背景下既要承担生态保护的功能，又要承担农民增收、农村繁荣的功能[16]。

②农业发展模式需要创新　我国农业发展进入新阶段，农村产业发展的内外部环境发生了深刻变化，传统农业园区的示范引领作用、科技带动能力以及发展模式与区域发展中的需求矛盾日益突出，在土地、科技、服务、管理等方面面临瓶颈，转型升级遇到较大阻力，迫切需求推进创造农业农村发展的新抓手、打造三产融合的新平台和启动新旧转换的新动能，以便充分释放生产力和生产关系的创新活力。

③农业供给侧结构性改革要求农业综合发展　经过十余年的中央一号文件及各级政府政策的引导，我国现代农业迅速发展，基础设施得到改善、产业布局逐步优化、市场个性化需求逐渐分化、市场空间得到拓展，社会工商资本开始关注并进入农业农村领域，越来越多的人期望从事农业生产之外的二产加工业、三产服务业等与农业相关的产业，亟待一二三产融合发展新模式的形成。

（2）激活农村发展潜力

我国城市化和工业化发展加速了农村空心化、老龄化，使得乡村社会功能退化、农村基本公共服务缺位、城乡差距不断拉大，农村成为城乡一体化和"新四化"发展中的突出短板。与此同时，城乡居民也已具备了对休闲观光、生态农产品的消费能力，对乡村生态旅游、领略乡村文化、体验农耕文化等需求与日俱增。因此，培育和开发农业多功能性的市场需求和意识不断强化，搭建新的业态平台以迎合消费者需求与释放农业农村潜在功能显得十分迫切。

（3）推进农村生产生活方式生态化、绿色化

过去发展农业以增产增收为主，现在则以环境保护优先和朝着可持续方向发展为主。乡村建设要注重保留其原始风貌和生态肌理；打造乡土的、健康的、休闲的、历史的乡村成为守望乡愁的重要依托；深入发掘乡村背后的故事和文化基因，运用现代手段重构城市和乡村的发展空间和维度，以促进生产、生活、生态融合发展。

建设田园综合体顺应农业农村发展趋势和产业结构调整的历史性变化，反映了农业农村发展内部和外部的客观需求，是对农业农村生产生活方式的全局性变革，是引领未来农业农村发展演变的重大政策创新。

概念解读

继 2017 年的中央一号文件首次提出"田园综合体"概念后，多方对此进行了深入解读。纵观我国农业、休闲农业、乡村旅游、城乡一体化的发展进程，不难看出，田园综合体与农业综合体、农旅综合体等概念是一脉相承的，从其内涵和外延上来看，它是在原有的美丽乡村、生态农业和休闲农业概念基础之上的延展，是在新时代背景下、新的社会和经济发展阶段提出的适应乡村振兴发展的新模式、新平台、新业态。

在综合体发展的过程中，农业综合体与田园综合体的发展内涵最为相近，都是对"三农"发展有益的探索与实践，但两者又有某些区别。

①田园综合体是基于乡村地域空间的概念；农业综合体是基于产业思维的概念。

②农业综合体是在一定地域空间内，多产业、多功能、多业态并存，以产业融合发展为特征的现代农业；田园综合体是在农业综合体的层面上，随着产业融合的深入发展、对生态的重点关注、市场的多元变化，关系层面逐步加深，经济利益进一步交融，跟区域整体发展有密切的联动性。

③从"三农"角度来说，农业、农村、农民三者密不可分，田园综合体更加关注农民的参与性和农民的收益。近两年比较受关注的农业特色小镇、农业公园等，都是伴随着现代农业发展、美丽乡村建设而发展起来的"三农"发展新模式、新探索。

总之，田园综合体是在农村一二三产融合的基础上，聚焦凝练而出的乡

村振兴发展新模式，是对产业、科技、业态乃至区域社会综合发展的升级，是乡村振兴战略的统筹考虑。田园综合体强调农民的参与、市场化运作和模式创新，关注项目的落地性和可持续运营，其发展的核心动力仍然是农业产业基于科技和模式创新的升级。在接下来的 3～5 年乃至更长时期，田园综合体将在全国各省会或大城市周边得到长足发展。

1.3 田园综合体的发展特征

各地在积极创建并发展田园综合体的同时，一定要把握以下几种特征，避免偏离本质。

以农为本，姓农、务农、为农、兴农

田园综合体的发展核心是"以农为本"，要确保田园综合体"姓农、为农"的宗旨不动摇，要为当地居民建设宜居宜业的生产生活生态空间，要将农民充分参与和受益作为根本原则，要充分发挥好农民专业合作社等新型农业经营主体的作用，要提升农民生产、生活的社会化程度，使其紧密参与到田园综合体的建设当中并全面受益，具体表现在以下几个方面[17]。

第一，确保农民全面受益。田园综合体中的产业要与当地的资源禀赋条件相匹配，以农村现有的产业为基础进行优化升级，要给当地农民提供充分的就业和创业的机会和空间。

第二，保护农村产业发展收益权益。农村产业的发展往往受资金、技术、管理等方面的限制，在休闲农业、特色产业发展等方面难以与城市工商资本竞争，要建立有效的利益联结机制，防止本地居民在产业发展和利益分享中被"挤出"，防止集体资产被外来资本控制。

第三，保护农村生态环境权益。要把宜居宜业宜游作为田园综合体发展的鲜明特色，在追求"金山银山"的同时，留住"绿水青山"，确定合理的建设运营管理模式。政府重点负责政策引导和规划引领，营造有利于田园综合体发展的外部环境。

以农民专业合作社为载体，多主体参与

（1）农民专业合作社是带动农户进入市场的基本主体，是创新农村社会管理的有效载体

近年来，农民专业合作社[1]蓬勃发展，已成为现代农业建设的中坚力量，它可以将农民组织起来，利用其与农民天然的利益联结机制，使农民不仅参与田园综合体的建设过程，还能享受田园综合体带来的各种潜在效益。例如，农业产业化程度的提高、农产品品牌价值的提升和乡村土地价值的增长等。

农业部《关于大力实施乡村振兴战略加快推进农业转型升级的意见》（农发〔2018〕1号）提出，促进小农户与现代农业发展有机衔接，并发展产业化联合体，把农业产业化联合体内符合政策要求的农民专业合作社、家庭农场等新型农业经营主体列为重点支持对象，构建现代农业经营体系、促进乡村产业兴旺。

（2）田园综合体建设参与主体多元化

财政部《关于开发田园综合体建设试点工作的通知》（财办〔2017〕29号）文件提出，"根据当地主导产业规划和新型经营主体发展培育水平，因地制宜探索田园综合体的建设模式和运营管理模式。"根据该文件精神，在具体实践中可采取村集体组织、合作组织、龙头企业等共同参与建设田园综合体，盘活存量资源、调动各方积极性，通过创新机制激发田园综合体建设和运行内生动力，通过主体聚合"政府+社会资本+龙头企业+农民专业合作社+家庭农场+普通农户"，实现共赢。如迁西花乡果巷田园综合体以东莲花院乡供销农民专业合作社联合社为主体，由唐山供销农业开发有限公司开发建设，中国科学院、中国农业大学、燕山果业试验站等科研院所以及五海农业开发有限公司等企业参与建设。

田园综合体开发建设的出发点是以一种可以让农民和企业参与、城市与乡村元素结合、多方共建的开发方式，更加强化企业、农民专业合作社和农民之间的利益联结机制。农民通过合作化、组织化等方式参与综合体建设，企

---

① 2017年是《中华人民共和国农民专业合作社法》实施十周年，2017年中央一号文件要求"加强农民专业合作社规范化建设"。6月22日，《农民专业合作社法》修订草案提交十二届全国人大常委会第二十八次会议初审，这是现行法自2007年实行以来的首次修订。此法为田园综合体的建设提供了法律保障。

业、村集体组织、农民合作组织及其他市场主体要充分发挥在产业发展和实体运营中的作用；同时，通过组建联合社，将不同类型的农民专业合作社关联，以增强市场竞争力，让农民获得多重收益。

注重多元化开发、强调功能复合化

田园综合体作为原住民、新移民和游客的共同生活生产空间，在充分保障原住民的收入持续增加的同时，也要保证外来客群的不断输入，既要有相对完善的内外部交通条件，又要有充裕的开发空间和有吸引力的田园景观、民俗文化等。田园综合体资源的现状基础、选址地点、产业关联度、项目共存、运营模式、物质循环、产品关联度、品牌形象等都需要考虑周全。

田园综合体发展强调功能复合化，在生产功能基础上，增加创意农业、农事体验、循环农业等，并强调景观性。田园综合体的建设是在一定的地域空间内，将现代农业生产空间、居民生活空间、游客游憩空间、生态涵养发展空间等功能版块进行组合，并在各部分间建立一种相互依存、相互裨益的能动关系，在产业经济结构的发展、单一产业向一二三产业联动发展、单一产品向综合休闲度假产品升级开发、单一主体向多主体等方面更加注重多元化，从而形成一个多功能、高效率、复杂而统一的综合体。

注重乡村传统文化传承，强调"农文旅"结合

田园综合体的开发将一二三产业互融互动，通过各个产业的相互渗透融合，把休闲旅游、养生度假、文化艺术、农耕活动等有机地结合起来，从而延伸传统农业的研发、生产、加工、销售产业链，使传统的农产品成为具有独特文旅意义的现代休闲产品，发挥农业产业价值的乘数效应，共同助推田园综合体的发展。

（1）田园综合体的开发，注重农业生产与文化元素的相互融合

田园综合体是以传统的农业生产、农民生活大环境为基础，在特定的农业生产、乡村民俗、农家生活环境空间基础上，充分汇集独特的乡村民俗文化、地域传统文化，通过打造农田景观、建设休闲体验设施、开展休闲体验活动，将乡村文化元素等特色资源充分地渗透到农业生产开发过程中，从而

促进农业和文化元素的相互融合。

（2）田园综合体的建设，注重农业生产与休闲旅游的综合性开发

运用农林牧渔资源结合自然生态资源，营造优美独特的田园、山水、农耕文化景观，将生态农业与休闲旅游进行合理结合，将结构单一的农业生产活动向泛休闲农业产业化方向转变，打造集生产、生态、休闲为一体的田园综合体，能够一站式满足游客全方位的旅游体验需求。但是不能脱离农业，而单纯发展旅游。

（3）田园综合体在满足三产融合、三生空间融合的同时，更加突出文化的传承

田园综合体注重对乡村文化、农耕文化资源的挖掘和宣传，更加有利于农业资源的多角度、全方位、多层次开发，有利于打造循环农业、创意农业，使城乡居民的休闲从单一体验向"农文旅"多功能全面融合方向拓展，并且突出文化体验，促进"村庄美、产业兴、农民富、环境优、文化强"。

1.4 田园综合体的意义与作用

党的十九大报告中指出实施乡村振兴战略，要坚持农业农村优先发展，按照产业兴旺、生态宜居、乡风文明、治理有效、生活富裕的总要求，建立健全城乡融合发展机制和政策体系，为田园综合体的建设提供了更加清晰的发展方向。

目前，我国经济正处在供给侧结构性改革的关键时期，乡村振兴战略实施的起步期需要找到新的发展方向和经济增长点。伴随现代农业发展、农村现代化、新型城镇化、休闲旅游的发展而出现的田园综合体，是区域经济社会和农业农村发展到较为发达阶段的产物，是我国实现农业新跨越的创新型载体。其对于培育农业农村发展新动能、加快城乡一体化步伐、推动农业农村实现历史性变革的深刻历史意义和重要现实指导意义与作用[①] 如下。

是农业农村发展形势的客观要求

当前，我国城乡一体化发展步伐加快，农村一二三产业融合发展加速，社会资本向农业农村流动力度加大，新型农业经营主体实力不断加强，农村生产方式、经营方式、组织方式全面调整，农业生产体系、产业体系、经营体系优化完善，农业农村发展格局已到了转型升级、全面创新的新阶段，建设田园综合体顺应了农业农村发展趋势，反映了农业农村内部和外部的客观要求。

---

① 资料来源：http://www.sohu.com/a/192999386_247689. 2018-09-20.

为推进农业供给侧结构性改革搭建了新平台

田园综合体是推进农业供给侧结构性改革、转化"三农"发展动能的核心和关键，是确立承载产业、集聚项目和融合要素的平台。田园综合体集循环农业、创意农业、农事体验于一体，以空间创新带动产业优化、链条延伸，有助于实现一二三产业深度融合，实现现有产业和发展载体的升级换代。

为农业现代化和城乡一体化联动发展提供新支点

2015 年中央城市工作会议指出，"我国城镇化必须同农业现代化同步发展，城市工作必须同'三农'工作一起推动，形成城乡发展一体化的新格局。"以城带乡、以工促农、形成城乡发展一体化新格局，必须在农村找到发展的新支点和新平台。田园综合体要素集中、功能全面、承载力强，是城乡一体化的理想结合点和重要标志，为乡村现代化和新型城镇化联动发展提供支撑。

为农村生产、生活、生态统筹推进构建新模式

建设田园综合体在发展生产、壮大产业的同时，为农民探索多元化的聚居模式，既保持田园特色，又实现现代居住功能，为实现城乡基础设施和公共服务均等化提供了最佳空间。田园综合体的田园风光、乡野氛围、业态功能等，加之优良的生态环境和循环农业模式，能够更好地满足城市居民对生态旅游和乡村体验的消费需求，使生产、生活和生态融合，互动发展。

为传承农村文明、实现农村历史性转变提供新动力

田园综合体有助于实现城市文明和乡村文明的融合发展，为传承和发展我国传统农耕文化提供了契机，使乡村治理获得更多的深层次文化支撑，进一步助力实现美丽田园、和谐乡村。田园综合体推动农业发展方式、农民增收方式、农村生活方式、乡村治理方式的深刻变化，全面提升农业综合效益和竞争力，真正让农业成为有奔头的朝阳产业，让农民成为体面的职业，让农村成为安居乐业的美丽家园，从而实现乡村发展的历史性转变。

为农业综合开发打开新着力点

建设田园综合体包括生产、生活、生态、文化等多方面内容，本质在于"综合性"，农业综合开发的优势也在于"综合"，两者在内涵上是相互契合的。农业综合开发建设田园综合体，一方面能够发挥农业综合开发的综合平台作用，通过打基础、强产业、优生态、扶主体、引科技等综合举措，全面提升田园综合体试点水平；另一方面通过建设田园综合体，农业综合开发能够在更高的水平上发挥综合优势，从而继续保持自身的先进性和特色，为农业综合开发的转型升级和创新发展打开突破口。

1.5 国家田园综合体的发展历程

2017 年 2 月 5 日，在中共中央、国务院公开发布的《关于深入推进农业供给侧结构性改革，加快培育农业农村发展新动能的若干意见》中首次提到田园综合体的概念。为贯彻落实 2017 年中央一号文件要求，2017 年 5 月 24 日，财政部印发了《关于开展田园综合体建设试点工作的通知》（财办〔2017〕29 号）（以下简称《通知》），确定在河北、山西、内蒙古、江苏、浙江、福建、江西、山东、河南、湖南、广东、广西、海南、重庆、四川、云南、陕西、甘肃 18 个省（直辖市、自治区）开展国家级田园综合体建设试点，每个试点省份安排试点项目 1~2 个，各省份可根据实际情况确定具体试点项目个数。

2017 年 6 月 1 日，财政部办公厅印发《关于做好 2017 年田园综合体试点工作的意见》（财办农〔2017〕71 号），根据部内商定的分工方案，财政部农业司（国务院农村综合改革工作小组办公室）牵头负责在内蒙古、江苏、浙江、江西、河南、湖南、广东、甘肃 8 个省（自治区）开展试点工作，另外 10 个省（直辖市、自治区）由财政部国家农业综合开发办公室牵头负责并提出 6 个方面的意见，进一步推动试点工作。为了进一步推进工作开展，2017 年 6 月 9 日国家农业综合开发办公室在陕西召开了田园综合体建设试点工作会议，卢贵敏主任做了重要讲话。各省及时将会议精神通过网络传达到各市县。同年 6 月 13 日，国家农发办发布《关于开展田园综合体建设试点工作的补充通知》（国农办〔2017〕18 号）（以下简称《补充通知》），明确重点支持河北、山西、福建、山东、广西、海南、重庆、四川、云南、陕西 10 个省（直辖市、自治区）开展田园综合体建设试点，每个试点省份安排试点项目 1 个。通知提出，2017年，河北、山东、四川等粮食主产省安排中央财政资金 5000 万元，山西、福建、广西、海南、重庆、云南、陕西等非粮食主产省（直辖市、自治区）安排中央财政资金 4000 万元。

2017 年 7 月，通过对申报参与竞争立项的项目进行遴选，各省（直辖市、自治区）的国家级田园综合体试点项目陆续确定并公布。同时，按照国家要求，各省积极准备省级田园综合体项目申报工作。

2017 年 10 月，各地已经在积极准备 2018 年田园综合体申报工作，2018 年 3 月，山东省等地已经发布通知，提前部署相关工作，并在 4 月发布地方标准《田园综合体创建规范》，以"标准化"指导田园综合体建设（图 1-3）。

2017年2月	"田园综合体"写入2017年中央一号文件
2017年5月	财政部印发了《关于开展田园综合体建设试点工作的通知》（财办〔2017〕29号）
2017年6月	财政部办公厅发布《关于做好2017年田园综合体试点工作的意见》（财办农〔2017〕71号） 国家农业综合开发办公室发布《关于开展田园综合体建设试点工作的补充通知》（国农办〔2017〕18号） 第一批田园综合体试点项目申报。各试点省积极准备
2017年7月	财政部国家农发办组织开展了首批农业综合开发支持田园综合体试点项目集中评议 各省积极准备2017年省级田园综合体相关工作
2017年10月	各省积极准备2018年省级田园综合体相关工作
2018年3月	山东省财政厅发布《关于申报2018年农业综合开发支持田园综合体建设试点项目的通知》，较早启动2018年田园综合体创建工作
2018年4月	山东省质量技术监督局发布《田园综合体创建规范》，各地积极准备2018年国家田园综合体试点工作

图 1-3 国家田园综合体的发展历程

第2章

田园综合体发展思路

2.1　田园综合体的发展原则

2.2　田园综合体的功能定位

2.3　田园综合体构建的业态板块

2.4　田园综合体的组织运营模式

2.1 田园综合体的发展原则

　　田园综合体的建设是在我国农业供给侧结构性改革和实施乡村振兴战略的大背景下提出的，相对于农业开发而言，其本质在于综合性，融合了生产、生活、生态、文化等多方面业态，在功能、模式、产业、价值等方面都比传统农业开发具有更大的优越性和超前性。因此，田园综合体的发展定位应更突出"为农、融合、生态、创新、持续"的理念。

　　规划所根据财政部文件，将田园综合体的发展原则进行摘录整理，希望参与建设和发展田园综合体的各界人士，可以在不违背发展原则的前提下，结合当地的现实条件进行综合考虑和实施。

坚持以农为本

　　要以保护耕地为前提，提升农业综合生产能力，突出农业特色，发展现代农业，促进产业融合，提高农业综合效益和现代化水平；要保持农村田园风光，留住乡愁，保护好绿水青山，实现生态可持续发展，要确保农民参与和受益，着力构建企业、农民专业合作社和农民利益联结机制，带动农民持续稳定增收，让农民充分分享田园综合体发展成果。

坚持共同发展

　　要充分发挥农村集体组织在乡村建设治理中的主体作用，通过农村集体组织、农民专业合作社等渠道让农民参与田园综合体建设，提高区域内公共服务的质量和水平，逐步实现农村社区化管理；要把探索发展集体经济作为产业发展的重要途径，积极盘活农村集体资产，发展多种形式的股份合作，增强和壮大集体经济发展的活力和实力，真正让农民分享集体经济发展和农村改革成果。

坚持市场主导

按照政府引导、企业参与、市场化运作的要求，创新建设模式、管理方式和服务手段，全面激活市场、激活要素、激活主体，调动多元化主体共同推动田园综合体建设的积极性。政府重点做好顶层设计、提供公共服务等工作，防止大包大揽。政府投入要围绕改善农民生产生活条件，提高产业发展能力为主，重点补齐基础设施、公共服务、生态环境短板，提高区域内居民特别是农民的获得感和幸福感。

坚持循序渐进

要依托现有农村资源，特别是要统筹运用好农业综合开发和美丽乡村建设成果，从各地实际出发，遵循客观规律，循序渐进，挖掘特色优势，体现区域差异性，提倡形态多元性，建设模式多样性；要创新发展理念，优化功能定位，探索一条特色鲜明、宜居宜业、惠及各方的田园综合体建设和发展道路，实现可持续、可复制、可推广的农村田园综合体发展之路。

2.2 田园综合体的功能定位

规划所通过对我国田园综合体发展现状的梳理和分析，总结归纳了田园综合体发展的"三生"功能（主要分为农业生产、农业景观、休闲聚集、产业融合、主体培育、文化传承、生活居住和公共服务八大功能）。各地可根据实际情况，从中选择、确定自身需要承载的功能，明确自身发展的主要方向。

农业生产功能

田园综合体具有提供从事农业种植、养殖等活动的生产功能，兼顾调节当地微型环境气候、增加休闲空间等功能。承载空间通常处在田间水利设施配套完善、田地平整肥沃、田间道路畅通的区域，结合我国特色农产品区域布局规划，遴选合适的种养品种，发展综合体自身的特色农业，生产特色农副产品。

农业景观功能

田园综合体是以农村田园景观、农业生产活动和特色农产品为休闲吸引物，开发独具地方特色的主题观光活动以吸引游客。我国农业文明历史悠久，气候及地貌类型复杂多样，各地农业生产差异明显，农业景观资源极为丰富。田园综合体可以利用当地环境资源、现代农业设施、农业生产过程、优质农产品等有利条件，开发特色园圃等农事景观，让游客在观赏绿色景观的同时，亲近美好自然。

休闲聚集功能

田园综合体为满足由农业景观区吸引游客的各种休闲需求而设置综合休闲产品体系，包括各种体验活动的聚集，利用农村优美的田园景观、奇异的山水、绿色的森林、静荡的湖水、生态的湿地，发展采摘、观山、赏景、登山、玩水等休闲体验活动以及其他休闲体验项目，使城镇居民能够深入农村特色生活空间，体验乡村风情，享受休闲体验带来的乐趣。

产业融合功能

田园综合体以农业为基础，推动旅游与林业、农产品加工、特色产品开发、文化、体育、康养等产业进行融合，使一二三产业在田园综合体架构中相互关联、形成链条、融合发展，构建起一个多业并举、有效增值的产业综合体，促进循环农业、创意农业、农事体验一体化发展，对周边地区产生有效的辐射带动作用。

主体培育功能

在建设田园综合体的过程当中，可以发挥农村集体组织在开发集体资源、发展集体经济、服务集体成员等方面的作用，有助于创业创新，壮大新型农业经营主体实力，完善农业社会化服务体系，通过土地流转、股份合作、代耕代种、土地托管等方式促进农业适度规模经营，优化农业生产经营体系，积极培育农民专业合作社、联合社、职业农民等，逐步将小农户生产、生活引入现代农业农村发展轨道。

文化传承功能

在田园综合体中可以体验乡情闲适、农事生活、自然风光、乡土人情，有助于实现城市文明和乡村文明的融合发展，为传承和发展我国传统农耕文化提供了契机，乡村治理也能获得更多的深层次文化支撑，助推实现美丽田园、和谐乡村。

生活居住功能

田园综合体的生活居住功能是迈向新型城镇化构造的重要支撑。农民在田园综合体平台上参与农业生产劳动、休闲项目经营，既承担相应的分工，又生活于其中，不必搬迁异地。借助综合体各要素的延伸能够带动休闲产业发展，形成以农业为基础、休闲为支撑的综合产业平台。通过产业融合与产业聚集能够引导人员聚集，形成当地农民社区化居住生活、产业工人聚集居住生活、外来休闲旅游居住生活等 3 类人口相对集中的居住生活区域，从而形成了依托田园综合体的新人口聚集区，重构乡村人口结构。

公共服务功能

田园综合体还具有为区域生活和生产提供服务的功能，既服务于农业、加工业、休闲产业的金融、技术、物流等需求，也服务于生活居住区居民的医疗、教育、商业等需要，这些功能不是机械地叠加，而是相互融合。伴随公众服务设施的逐步完善，城乡一体化发展背景下的新型城镇化公共村社服务区，需要为社区居民提供便捷高效的服务。同时，田园综合体通过完善区域内的生产性服务体系，发展适应市场需求的产业和公共服务平台，聚集市场、资本、信息、人才等现代生产要素，促进城乡产业链双向延伸对接，推动农村新产业、新业态蓬勃发展。

2.3 田园综合体构建的业态板块

　　田园综合体是集循环农业、创意农业、农事体验于一体而构建的一种综合发展新模式、新平台、新业态，也是"农业＋文旅、农业加工、互联网等＋农村社区"的综合发展模式，旨在推动当地产业水平提升和城乡一体化发展。从应具备的功能组成看，田园综合体主要包含产业、生活、景观、休闲、服务等板块，每一区域承担各自的主要职能，各区域之间融合互动，形成紧密相连、相互配合的有机综合体。在实际的发展过程中，各板块在空间上不是孤立存在的，而是相互交叉、相互融合的。为便于读者理解，编者将田园综合体各板块拆分，单独加以说明。

农业产业及衍生产业板块

　　财政部《通知》（2017）指出：突出特色，打造涉农产业体系发展平台。立足资源禀赋、区位环境、历史文化、产业集聚等优势，围绕田园资源和农业特色，做大做强传统特色优势主导产业，推动土地规模化利用和三产融合发展，大力打造农业产业集群；积极发展创意农业，利用"旅游＋""生态＋"等模式，开发农业多功能性，推进农业产业与旅游、教育、文化、康养等产业深度融合；强化品牌和原产地地理标志管理，推进农村电商、物流服务业发展，培育形成 1～2 个区域农业知名品牌，构建支撑田园综合体发展的产业体系。该板块属于生产性主要功能区部分，是确立综合体根本定位，为综合体发展和运行提供产业支撑和发展动力的核心区域。田园综合体的内部产业，以农业为基础，各地结合自己的实际情况，因地制宜选择主导产业，通过产业链延伸，发展种养业、农产品加工制造业、农产品流通业，并充分保护当地生态环境，发展绿色循环农业，最终形成可持续发展的产业集群；同时，在横向维度，通过运用科技、文化、艺术等创意手段，开发农业多功能性，推进农业产业与旅游、教育、文化、康养等产业深度融合，提升传统农业及其衍生农产品附加值，同时有利于新产业的培育，实现农村资源优化配置，增强农业市场竞争力。

从产业链延伸到功能拓展各个环节的产业都有其特定的功能，且互相支持、互融互动、相互渗透，即把农业生产、休闲娱乐、养生度假、文化艺术、农副产品加工和流通、农耕活动体验等有机结合起来，也就是在拓展原有的研发、生产、加工、销售等产业链基础之上，通过功能延伸、品牌化发展，使生产的农产品成为特色商品、体验品、艺术品，发挥产业价值的乘数效应。

田园社区（生活居住）板块

财政部《通知》中指出：夯实基础，完善生产体系发展条件。要按照适度超前、综合配套、集约利用的原则，集中连片开展高标准农田建设，加强田园综合体区域内"田园+农村"基础设施建设，整合资金完善供电、通信、污水垃圾处理、游客集散、公共服务等配套设施条件。

该板块属于城乡一体化主要功能部分，是在农村原有居住区基础之上，在产业、生态、休闲和旅游等要素带动引领下，搭建起的以农业为基础、以休闲为支撑的综合聚集平台，通过产业融合与产业聚集，形成当地农民社区化居住生活、产业工人聚集居住生活、外来休闲旅游居住生活3类人口相对集中的居住生活区域，以此建设居住社区，构建可提供住宅、社区金融、医疗、教育、商业等城乡一体化人居服务的多业态综合体。

田园景观及休闲体验板块

财政部《通知》中提出：绿色发展，构建乡村生态体系屏障。牢固树立"绿水青山就是金山银山"的理念，优化田园景观资源配置，深度挖掘农业生态价值，统筹农业景观功能和体验功能，凸显宜居宜业新特色。

该板块内容是强调农业农村生态文明建设，以田园风光和生态宜居增强田园综合体的强大吸引力。同时，为满足城乡居民的各种休闲需求，以农村田园景观、现代农业设施、农业生产活动和优质特色农产品为基础，打造特色综合休闲产品体系（农事体验、创意农业体验、农家风情民宿、特色商业街、地方文化主题演艺活动等），使游人能够深入农村特色的生活空间，体验乡村田园活动、风情活动，享受休闲农业带来的乐趣。同时，也是吸引人流、提升土地价值的关键所在。

综合服务板块

财政部《通知》中提出：完善功能，补齐公共服务体系建设短板。要完善区域内的生产性服务体系，通过发展适应市场需求的产业和公共服务平台，聚集市场、资本、信息、人才等现代生产要素，推动城乡产业链双向延伸对接，推动农村新产业、新业态蓬勃发展。完善综合体社区公共服务设施和功能，为社区居民提供便捷高效的服务。

该板块属于为综合体各项功能和组织运行提供服务和保障的功能板块，包括服务农业生产领域的金融、技术、物流、电商等，服务农产品加工的二产需求和贸易、物流三产的要求，配套农业科技服务、农业商贸服务、品牌营销服务等，形成各个产业板块之间的有机融合，也包括服务居民生活领域的医疗、教育、商业、康养、培训等内容。各个参与主体通过相互合作，为田园综合体新型产业市场启动与拓展，提供有效的产品增值服务与市场服务。

2.4　田园综合体的组织运营模式

田园综合体以田园为载体，通过农民专业合作社等组织形式，充分实现农民利益，其发展需要开创一种新的组织运营模式。规划所在综合考虑各参与方需求的基础上，结合本所近几年在全国各地的实践经验，提出以下发展建议。

组织管理模式

规划所基于对参与田园综合体建设的各主体诉求与可发挥作用的分析，初步提出适用于田园综合体的组织架构：由政府、农民专业合作社及开发企业等主体共同参与，形成一个具有政策、资金、技术优势，农民可充分参与并受益的合作组织，在此基础上开展田园综合体的建设与运营。多个主体在开发运营过程中分别起到不同的作用、获取不同的收益，最终达成多方合作、互利共赢的目标，以期实现田园综合体科学、健康、可持续发展。

（1）参与主体

①政府　政府主要进行宏观方向的引导与掌控，完善各类公共服务设施与基础设施建设，落实各项政策，为田园综合体发展搭建平台，使田园综合体在区域内具备发展基础与扶持政策上的双重优势。

②农民专业合作社　各类农民专业合作社作为田园综合体的重要参与主体，是农民参与田园综合体经营管理和收益分配的载体。通过农民专业合作社集合土地和其他农村、农业资源要素，推动田园综合体健康发展。农民一方面通过农民专业合作社的资产入股田园综合体，参与田园综合体的经营管

理与收益分配；另一方面参与生产，在农业、手工业、旅游业、农村社会化服务等方面创造财富，自觉维护田园综合体的健康发展。田园综合体的建设与发展可以促进农民专业合作社水平的提升，形成多样化的联合与合作，提升小农户组织化程度，扶持小农户发展生态农业、设施农业、体验农业、定制农业，改善小农户生产设施条件，提升小农户抗风险能力。

③开发企业　开发企业为田园综合体建设运营提供资金支持、技术指导和运营管理服务。开发企业出资入股田园综合体开发运营公司，为项目区各类产业的发展与设施的建设提供资金支持；同时，通过专业化的管理与科学的市场分析指导田园综合体的经营发展方向，引导产业健康发展。

（2）组织架构模式

田园综合体依赖于多方主体的共同参与，只有深入了解每个团体的利益诉求及其可以发挥的作用，才能构建一个合理的组织架构。规划所根据多年参与多地农业园区的规划和设计经验，以及园区发展和运营状况，总结出两种组织构架模式，供读者参考。

①混合所有制模式　管委会的组织管理模式通常适用于经济较为发达、土地集中连片的平原地区，农民对土地的依赖性不强，土地流转难度相对较小。建设期由政府推动、企业主导、多主体共同开发，以科技参与、项目带动、多方受益为发展目标，确保综合体顺利建设和实施；运营期将以政府支持、企业运营、科技支撑、产业延伸、品牌创新、产品开发、持续发展为发展目标。

运营管理采用混合所有制形式，田园综合体管委会由相关政府部门、地方龙头企业的代表共同组成。组建的管理运营公司由相关政府部门（监管、协调）、园区入驻企业、合作经营主体（其他企业、农民专业合作社、村集体等）的代表组成。公司设立田园综合体运营管理部、产业招商引资部、入驻企业管理部、合作组织协调部、宣传营销管理部、人力资源部、财务部和物资后勤部等8个科室，具体负责田园综合体的组织协调、监督管理、指导服务等日常工作。

专家委员会是园区实现可持续发展的智力保障，主要负责为管委会提供规划与发展理念、技术集成创新、科研成果转化等方面的咨询服务，其成员面向全国聘任，由战略、管理、农业、生态、农产品加工与流通、金融、旅游、建筑、水利等多领域专家组成（图2-1）。

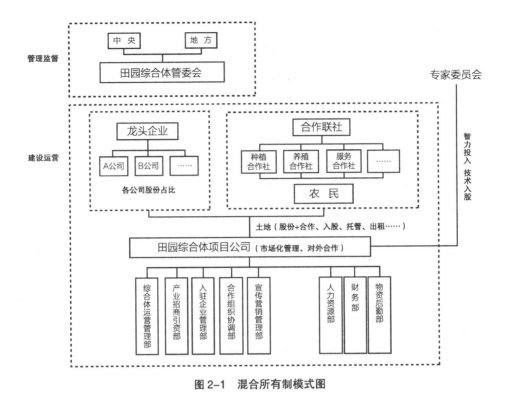

图 2-1　混合所有制模式图

②合作联合社模式　合作联合社的运营管理模式通常适用于村集体经济合作社发展较好、土地相对分散的地区（如山区等），农民对土地的依赖性较强，土地流转难度相对较大。

为了对接田园综合体土地经营的需要，建议由农户以土地入股的形式成立种养合作社，进行统一经营。为了更好地对接市场、整合资源，建议成立农业服务合作社。通过与种养合作社签订服务合同的方式，为种养合作社提供农资供应、农业生产、产品销售等服务。为了对接田园综合体休闲旅游建设运营的需求，建议农户以宅基地使用权入股，通过农民专业合作社与其他经营主体联合成立旅游服务合作社。

为了更好地整合资源，适应发展趋势，平衡各种专业合作社间收益不均衡的局面，建议由前面所提到的各专业合作社联合成立农民专业合作社联合社，对项目进行统一管理（图 2-2）。

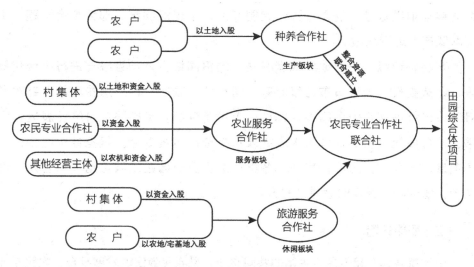

图 2-2　合作联合社模式图

另外，可以参照农业部、国家发展改革委、财政部、国土资源部、人民银行、税务总局联合印发的《关于促进农业产业化联合体发展的指导意见》里的联合体模式（龙头企业＋多个农民专业合作社或家庭农场，通过服务和收益组成的联合体）建立符合自身需求的组织架构。

运营模式

（1）发展模式

田园综合体应尽早明确创建主体单位、建设运营管理单位，选择有发展基础的农民专业合作社和村镇为载体，建立切实可行的建设管理机制，可实行"管运分离、运营前置、品鉴评级"的发展模式。

①管运分离　明确政府、企业、农民专业合作社分工和参与方式。按照管理与运营分离的原则，以项目区为主、市场化运营，开展田园综合体创建。政府负责统一规划建设、政策支持、协调建设管理运营中遇到的重大问题，负责管理上级财政拨付的项目区发展专项资金，并协助有关部门监督专项资金的使用，组建市场化建设运营主体，负责项目区核心板块的开发建设和运营。

②运营前置　采取运营前置思维，联合选址、先招后建、共同设计。用后期运营思维去做顶层设计，提前招商，联合潜在建设运营主体进行合作，

共同参与前期选址、规划设计，定制开发，不仅能够解决部分资金问题，更能降低产业运营风险。

③品鉴评级　将已建成或者有潜力的田园综合体项目统一进行平台化管理，评选委员（国家省市各级专家、同行业、政府、客户消费者等）针对项目区（已经被认定为田园综合体试点）给予评级，反映该项目区发展运营水平、服务质量等特质，作为未来继续保持或改进的参考。根据评级结果，给予项目区不同支持力度，另外，各界评选委员对园区发展可给予综合建议做参考，协助项目区及时改进及提升。

（2）职能分配

田园综合体有赖于多方主体的共同参与，是农民致富的发展平台，农民专业合作社是以农民为主体的合作组织，是田园综合体建设的载体。因此，需要通过明确企业、农民专业合作社和农民及其他各方在田园综合体管理中的职能，建立以运营公司为主、多方合作的管理模式体系，增强农民在田园综合体管理运营当中的参与性，促进田园综合体更好地体现农民的发展意愿与利益诉求。农民参与管理的途径可以是成立农民专业合作社入股田园综合体运营管理公司，与此同时政府又需要对田园综合体管理进行指导，由此形成以运营为主、多方合作的管理模式。

①运营公司为主进行管理　企业（包括政府投资和社会资本投资）和农民专业合作社共同成立田园综合体运营公司，通常企业是田园综合体建设的主要参与者与主要管理者；农民是农民专业合作社的主体，通过参与管理田园综合体，激发其积极性与责任感。

②多方合作共同参与　政府在田园综合体运营管理中起到政策指导和管理监督的作用，从行政、法律、政策建议等多方面进行指导，保证田园综合体的管理处于法律与政策保障之内；农民专业合作社是村民参与田园综合体管理的工具和桥梁。村民在参与田园综合体管理过程中大量决策需要通过农民专业合作社进行商议决定，同时农民专业合作社又起到和政府与开发企业沟通协调的作用；开发企业通过持股参与田园综合体的管理，企业有其自身的管理经验与管理优势，可以通过科学指导为村民提供良好的管理方法，促进运营公司管理科学化发展。

共建共享机制

田园综合体以市场为导向、以资源为基础、以环境保护为前提、以农户参与为重点，推动建立乡村内部的造血机制，以农民增收为主要目标，通过产业经营、新增就业和盘活资产等多种路径，千方百计为村民探索增收路径；可通过构建PPP模式①和"四位一体"的运行模式，将田园综合体建设的效益与农民的利益深度耦合。

（1）利益联结模式

① "村集体 + 农户"模式　组建村集体经济股份合作社，按股分红，鼓励农村集体经济组织充分利用现有资源，从事多行业、多形式经营，多渠道增加集体收入，创新农村集体资产经营机制。鼓励和支持新型集体经济组织利用资金、资产和资源，以入股、合作、租赁、专业承包等形式，壮大乡村集体经济。探索引进职业经理人、产权交易经营等新机制，提升集体资产运营管理水平，实现农村集体"三资"的专业化经营和市场化运作。鼓励农业主导型村庄村集体创办农民专业合作社或农业集团，自身或者与企业、院校合作，发展现代农业产业，加强"产加销服"一体化发展，相近产业成立村集体经济联盟，建设资源互补、平台共建、产业联盟、共同推广的农村产业新模式。

② "合作社 + 农户"模式　开展土地托管服务和土地股份合作，提升农业规模化经营水平，重点扶持土地经营规模。推动农民专业合作社组织创建，对规模化合作社进行重点扶持，建成一批"产前提供优质良种、产中指导标准化生产、产后组织统一营销、产品统一品牌运营"的带动性强的农民专业合作社。

③ "企业 + 合作社 + 农户"模式　前期组织农户成立农民专业合作社，进行规范化管理。后期引入企业对相关资源进行进一步开发。农民可以通过入股及入企就职等方式获得稳定分红及工资收入。

④ "科研 + 企业 + 基地 + 农户"模式　科研院所积极提供技术支撑，企业积极发展基地专业村和种养大户进行经营，企业订单收购，统一销售。以

---

① PPP（Public-Private-Partnership）模式：指政府与私人组织之间，为了提供某种公共物品和服务，以特许权协议为基础，彼此之间形成一种伙伴式的合作关系，并通过签署合同来明确双方的权利和义务，以确保合作的顺利完成，最终使合作各方达到比预期单独行动更为有利的结果。

合同或订单为纽带，形成了"科研＋企业＋基地＋农户"的产业模式，基本实现"统一规划、订单生产、服务有偿、优质优价、利益共享"的优质农产品营销物流体系。

⑤"村集体＋合作社＋企业＋农户"模式　采取"村社一体、合股联营"的发展模式，鼓励村民以土地、资金与农民专业合作社联营，按照合理的收益分配模式进行利润分成，促进村集体与村民的"联产联业""联股联心"。引入公司进行规模经营，让农民专业合作社突破专门从事农业生产的常规模式，设立劳务输出公司、建筑公司、运输公司等，整合优化村民劳动力资源。

（2）农户共建共享机制

①租赁合作式共享机制　企业或农民专业合作社从农民手中租用土地、房屋等生产资料，采取实物计租货币结算、租金动态调整等计价方式，兑现农民土地、房屋租金收入。

②股份合作式共享机制　农民以土地经营权、房屋使用权等入股给企业或者农民专业合作社，由企业或农民专业合作社将土地、房屋等进行统一规划建设运营，利益分配采取"保底收益＋按股分红"方式，使农民获取土地和房屋股份收益。针对有土地、无资金、无技术的贫困户，积极动员他们把闲置、撂荒土地以入股方式加入企业或农民专业合作社，获取相应的分红。

③生产合作式共享机制　企业以统一技术、统一标准、统一管理、统一订制的方式，将农民自有分散的土地，组织加入田园综合体项目建设。农民按保底价（市场价高于保底价的按市场价算）获取收益。企业或农民专业合作社获取营销差价、管理服务等方面的收益。

④劳务承包或参与打工式共享机制　农民承包的生产管理和其他订制服务完成任务后，获取相应的劳务承包报酬，超额完成的享受额外的分成收益。农民还可以通过打工，获取田园综合体项目提供的工资报酬。

融资模式

田园综合体拥有多元的建设主体，可通过财政撬动、贴息贷款等模式引入多种金融和社会资本，满足不同主体的利益诉求。积极创新财政投入使用方式，探索推广政府和社会资本合作，综合考虑运用先建后补、贴息贷款、以奖代补、担保补贴、风险补偿金等方式，撬动金融和社会资本投向田园综合体建设。鼓励各类金融机构加大支持田园综合体建设力度，积极统筹各渠道支农资金投入田园综合体建设。严控政府债务风险和村级组织债务风险，不新增债务负担。

（1）资金来源四大板块

①中央财政从农村综合改革转移支付资金、现代农业生产发展资金、农业综合开发补助资金中统筹安排。要求经财政部年度考核评价合格后，试点项目可继续安排中央财政资金，对试点效果不理想的项目将不再安排资金支持。

②各试点省（直辖市、自治区）、县级财政部门统筹使用现有各项涉农财政支持政策，创新财政资金使用方式，采取资金整合、先建后补、以奖代补、政府与社会资本合作、政府引导基金等方式支持开展试点项目建设。

③农民通过组建农民专业合作社，或者村集体通过入股[①]、固定资产量化折股的方式，参与田园综合体建设。

④撬动金融社会资本（包括企业自筹、银行贷款、众筹等），这部分是建设田园综合体的主要资金来源，要求已自筹资金投入较大且有持续投入能力，在后期建设规划中能够保证持续的社会资本注入，避免资金链断裂造成项目流产。

（2）其他融资方法

①股权融资　参与建设田园综合体项目的农业企业或农民专业合作社的股东愿意让出部分企业所有权，通过企业增资引进新股东，同时增加总股本。

②借贷融资　参与建设田园综合体项目的农业企业或农民专业合作社以信用贷款、抵押贷款和担保贷款等方式进行债权融资。对重点项目，政府给予贷款贴息，针对中小企业，提供担保基金。对于资信良好的企业或农民专业合作社可以发行企业债。

③众筹、预售等创新融资　参与建设田园综合体项目的农业企业或农民专业合作社可采取农产品众筹、房屋建设众筹、农产品预售等创新融资模式。以众筹的方式让消费者以"私人订制"的身份直接参与到田园综合体项目建设中来，既解决项目建设的资金问题，又能让消费者得到更好的建设体验。

④产业基金　由政府、企业、投资机构共同发起设立项目产业投资基金，

---

① 党的十九大报告中提出，保持土地承包关系稳定并长久不变，第二轮土地承包到期后再延长30年。同时结合"三权"分置制度，能够极大保障农民财产收入，壮大集体经济。

参与田园综合体项目投资建设。基金由专业投资机构负责资金募集和投资管理。

本书结合规划所参与项目情况，给出一种投融资模式（主要采用了 ppp 发展模式），见图 2-3，供参考。各地应根据地方实际情况，有针对性地设计符合当地地方特色的投融资模式。

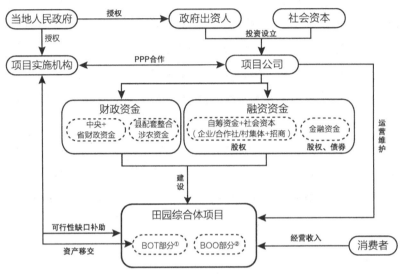

图 2-3　田园综合体投融资模式图

---

① BOT（Build-Operate-Transfer）：即建设—经营—转让，是私营企业参与基础设施建设，向社会提供公共服务的一种方式。

② BOO（Building-Owning-Operation）：即建设—拥有—经营，承包商根据政府赋予的特许权，建设并经营某项产业项目，但是并不将此项基础产业项目移交给公共部门。

第3章

田园综合体发展方向

3.1　田园综合体发展中的制约因素

3.2　田园综合体发展建议

3.3　田园综合体发展趋势

3.1 田园综合体发展中的制约因素

目前，我国的田园综合体发展尚处于初级阶段，即酝酿和试点培育期，各地都在积极探索适合本地特点的发展模式和路径，成熟科学的国家规范体系尚未出台。在现有田园综合体规划、建设、运营发展的过程中，项目实施主体往往遇到一些制约因素，概括起来主要有以下几个方面。

● 社会资本侵占农村资源、挤压农民权益

田园综合体是以农民专业合作社为载体的发展模式，但是在田园综合体建设实践中，由于项目投资大、周期长，不可避免地需要引入较多社会资本。社会资本虽然为农村带来丰厚的资金和先进的技术，但是也出现了对农村资源过度侵占和对农民权益的挤出效应。所以，做实、做强农民专业合作社这个载体，保护好农民在就业创业、产业发展、乡村文化、生态环境等方面的权益，使农民能够参与田园综合体建设与经营发展的整个过程，强化企业、农民专业合作社和农民之间的利益联结机制，使农民能够从中广泛受益，成为当前田园综合体发展所面临的主要问题之一。

● 产业内部动能不足

（1）产业技术短缺

田园综合体是以现代农业为核心的基础产业，以农民专业合作社为主要载体，以农村为主要阵地。而农业技术面广量大，田园综合体建设主体难以独自应对纷繁复杂的农业技术问题，怎样依托农业科学技术产业作为发展支

撑，如何打好"技术组合拳"，考虑信息化、机械化等方面的新技术革新与农业融合，是田园综合体面临的又一大难题[18]。

（2）产业带动力不足

在田园综合体的发展过程中，农民通常只能以打工的方式参与当地项目的建设工作，尚不能分享田园综合体一二三产业融合发展创造的纵向价值链收益，这极大降低了农民参与的积极性。此外，项目所涉园区环境改造能带来当地休闲旅游业的发展，但鉴于田园综合体对周边农业、农村主导产业带动能力有限，农民只能作为产业发展间歇期劳动力的有效补充，尚无法真正参与到田园综合体的整体发展进程中。

（3）产业融合度不足

大多数田园综合体在建设过程中，缺乏对创意农业、休闲农业、体验农业的相关投入，且农业产业与其他产业的融合深度不足。例如，休闲观光农业园区主要以观光及采摘为主，与其他产业如文化、康养、教育、体育等融合深度不足，产业聚合带动能力低。各地应充分挖掘当地农业、农村、历史、文化、风俗习惯等资源，使田园综合体能够真正"综合"起来，进而在产业链条上得以延伸，增加产业价值，也是当前田园综合体发展需要着重解决的难题。

社会化服务供给不足

如果农业生产从产前到产后均缺乏专业化、系统性的社会化服务体系保障，难以把各种现代生产要素有效地注入生产主体中，也就难以提高农业的物质技术装备水平，难以在农民专业合作社或家庭农场经营的基础上发展规模经营、集约经营。这些都会制约农业生产向专业化、商品化和社会化的推进，从而制约农业产业价值提高。

此外，由于田园综合体所打造的各类附加产品市场化程度尚不高，城镇消费群体发育尚不成熟；而田园综合体建设尚处在初期阶段，相关配套设施也不成熟，软件服务水平还未得到应有提升，休闲农业服务水平不能得到大幅度提升，难与国际水平接轨，因此难以形成经济的可持续发展。

发展特色缺乏、同质化现象严重

  各地田园综合体的建设应该独具特色，不宜简单地采取同质化模仿。不同地域的田园综合体，其开发模式、主体合作模式、产业融合态势和发展驱动力等都应因地制宜、各不相同，只有各综合体各具特色、独树一帜，才能达到吸引游客的目的。对于设计和打造当地特色，可以从自然和人文两个方面入手，进行个性化细分。自然方面，应以遵循当地资源的原汁原味为基本原则，展现一方水土的原有风貌和自然丽质，展示出"人无我有"的独特性；人文方面，应对地方物质遗存、非物质文化遗产、民俗文化、传说故事等元素进行有效植入，同样要展示出与众不同的市场差异性。只有将自然与人文结合打造出浑然一体的田园综合体，才可能是"去前心驰神往，去后流连忘返"的旅游乃至移居目的地。

3.2 田园综合体发展建议

田园综合体的建设综合了生态、产业、文化、社会、经济等多方面因素，是一个系统性的巨大工程，目前尚处于总结经验、探索发展阶段。在此，本书就各地如何建设好田园综合体提出以下建议，供田园综合体项目申报单位和企业以及在建项目运营者参考。

深化产业基础

农业产业是田园综合体的基础。田园综合体建设作为一项复杂工程，科学推进建设需要全方位打好组合拳，重中之重的一拳是要在强化农业产业支撑上下足工夫，即正确处理好农业产业和田园综合体的关系，通过农业生产实现产业、生态、文化深度融合。这就要求做到产业优势明显，坚持质量兴农、绿色兴农、品牌强农，加快推进农业转型升级；做到产业效益突出、辐射能力强，能带动当地农民就业增收。

对于乡村来说，不能一味追求发展地产产业；唯有保护好乡村的原生态风貌，才能实现自然之真之美，才有可能最终实现可持续发展。田园综合体应尊重和发扬农耕文化传统，融合循环农业、创意农业、农事体验等创新形式，真正展现农民生活、农村风情和农业特色。为了改善乡村旅游硬件和提升服务水平，必要的地产和基础设施建设可以有，但应符合乡村风貌肌理。也就是说，田园综合体本身仍是乡村，而非大兴土木、改头换面的旅游度假区，更非违法违规去搞房地产开发或建私人庄园会所，其核心产业应当是农业。

强化多主体参与

田园综合体是一套综合产业体系，需要集中要素资源对乡村进行整体规划、开发和运营。在此过程中，要鼓励农民积极参与，同时利用好农民专业合作社这一载体，通过土地流转对土地经营进行中长期产业规划，发展现代化、规模化的农业产业园区，并以此作为建设田园综合体的基础。引导并推动龙头企业与农民专业合作社、小农户建立紧密的利益联结关系。农民可以通过就业、股权合作、保底分红、利润返还、自主创业等方式获得收益，实现充分参与和受益保障。

突出发展特色

不能搞"千村一面"。传统村落多是长久聚居而成，在产业、生态、文化等方面各有其原生态特色。建设田园综合体应注重保护和发扬其原汁原味的生态特色，而非简单地进行移植复制。在深入推进农业供给侧结构性改革的背景下，随着城镇居民对体验农耕生活、欣赏田园风光、品味乡村土产、了解风土人情等乡村旅游需求的多元化，发展乡村旅游已经具备足够的空间，可以在"特色"上做文章。

抓好规划设计

田园综合体的本质在于"综合"，建设田园综合体要在"综合"二字上做足文章，不仅要通过创新做到标新立异，更要注重保护和突出当地的历史文化特色，实现个性化发展，防止出现千篇一律。田园综合体规划不是单一的农业园区规划，而是各种元素高度关联的综合性规划，必须坚持规划先行、多规融合，突出规划的前瞻性和协调性，做到在开发中保护和在保护中开发。要站位高，定位准，可行性强，要将当地的人文美与自然美有机融合，将村民生产生活真正融入田园综合体建设中，增强田园综合体的可持续发展能力。

加大政策集成

加强政策引导作用，使田园综合体建设成为示范带动项目。要进一步完善土地流转机制，保障田园综合体建设与发展所需要的相应土地规模，并按一定规模或比例解决配套设施用地问题。大力鼓励开垦荒山、荒坡，发展以农业、林业为主导产业的田园综合体。田园综合体建设具有投资大、回收期长、收益不确定、社会效益高等特点，其发展离不开财政资金扶持。因此，要加大财政扶持力度；当前各级政府要高度重视，整合有关农业、科技、财政、金融相关政策，适时适量导入田园综合体建设。

树立示范典型

田园综合体作为投资蓝海，全国还没有典型的成熟样本，各级政府要重点培育好典型，以营造氛围，打造品牌，推动发展。从国家层面出发创建一批国家级田园综合体，以引导涉农资金的汇集；从省（直辖市、自治区）层面打造省（直辖市、自治区）级田园综合体，以整合涉农资金的导入，充分发挥典型的示范引领作用。

对田园综合体建设要广泛宣传、强势推广。在新媒体时代，既要充分发挥传统媒体的导向作用，也要积极发挥微博、微信、客户端等新兴媒体的渗透优势，加大对田园综合体建设的宣传力度，唱响品牌、提高知名度，增强吸引力，扩大影响力，发挥带动作用。

3.3 田园综合体发展趋势

　　田园综合体是加快推进乡村振兴战略和农业供给侧结构性改革，实现农业农村现代化和新型城镇化联动发展的一种创新模式，是培育和转换农业农村发展的新动能，是推动现有农庄、农场、农民专业合作社、农业特色小镇以及农旅产业等转型升级的新路径，因而具有广阔的发展前景。

　　财政部办公厅《关于做好 2017 年田园综合体试点工作的意见》（〔2017〕71号）明确提出，田园综合体的建设要争取在未来 2～3 年取得大发展、大变化，让各方都能从中学习并借鉴成功经验，让人民群众切身体会到"农业是充满希望的现代产业、农民是令人羡慕的体面职业、农村是宜居宜业的美好家园"。

　　完善的田园综合体应该是一个包含农林牧渔、加工、制造、餐饮、旅游等行业的三产融合体和城乡复合体。农业是产业体系的核心，文化产业和旅游等特色产业是产业体系的重要组成部分。田园综合体的建设与发展需要聚集各要素资源对乡村进行整体规划、开发和运营，尊重和宏扬农耕文化，融合循环农业、创意农业、农事体验等创新形式，真正展现农民生活、农村风情和农业特色。这就涉及对本土文化的深入挖掘，对乡土文化的传播，对旅游产品和度假产品的打造，兼而考虑旅游度假项目的配套、服务以及环境设计等因素，从而改善乡村旅游硬件、提升服务水平。另外，田园综合体还涉及农村社区建设，着重强调对村庄人居环境的打造和农田、林地等土地资源的综合开发，使产业和农村形成联系，从而实现乡村振兴的战略目标。

　　总之，田园综合体谋求农村一二三产业融合，强调多功能、多产业的整体规划，以实现生活、生态、生产的"三生共生"。田园综合体的建设内容丰富、涉及面广，对资金、土地、科技、人才等要素有很大需求。从长远看，能否真正保证农民的主体地位，是田园综合体开发建设成功与否的关键。中央文件强调"田园综合体建设应以农民专业合作社为载体，调动农民参与积极性"，这就说明在田园综合体的建设和管理运营过程当中，一定要有新型农业主体的参与，农民专业合作社或者村集体应该是田园综合体的重要参与者。同时，通过积极引导工商资本等社会力量的有序参与，开展新型合作，通过多方的共创、共建、共享形成合力，探索并走出一条农民、农村、农业协同发展的乡村现代化道路。在这个过程中，不仅有本地农民的参与，更有被乡村吸引、愿意从城市回归乡村参与"三农"发展的新农民，他们将在田园综合体发展中实现共建共享。

在技术方面，田园综合体以园区为载体，分析农业生产中出现的各类问题、总结经验，通过整合组建，在理论体系和实践探索中实现农业园区的全面迭代升级；通过引进相关科研机构为其所需农业技术提供支撑，提高自身的综合技术水平；通过多种方式搭建合作平台，引进产业技术人才，提高生产管理服务水平。

自 2017 年中央一号文件出台以来田园综合体成为农村走向特色小镇之后的又一投资蓝海。田园综合体建设需要投入大量资金，中央一号文件对此有明确指示，"严控政府债务风险和村级组织债务风险，不新增债务负担"，这要求试点地区利用资本撬动思维，积极探索政府和社会资本合作途径，综合考虑运用先建后补、贴息贷款、以奖代补、担保补贴、风险补偿金等多种渠道，撬动金融和社会资本投入田园综合体建设。

田园综合体本身承载着复兴乡村文化、传承传统文化的责任，应当把当地风土民情、乡规民约、民俗演艺等资源发掘出来，让城镇居民能够体验农耕生活，引导大众回归自然，重新审视城市与乡村的关系。在田园综合体的建设中，还将经历一个文化重塑的过程。未来需要在城市中产阶级的新田园文化理念和农村农民的旧田园文化习俗之间找到一种平衡，这种平衡的建立不依赖于管理运营者，也不依赖于任何商业模式，而要依赖于一种自由和谐的文化开放机制。未来，基于田园综合体的发展将会生成一种全新的乡贤文化形态。

田园综合体将开启我国的城乡融合发展新模式，可以想象在不远的将来，随着农业农村发展步伐的加快和构建的整体升级，各种类型、各具特色的田园综合体将遍布我国城郊和广大乡村，成为城乡一体化建设的典型载体，田园综合体内人流、物流、信息流汇聚一体，产业实力雄厚、环境生态宜居、田园风光秀美，成为城乡居民生活方式的新时尚，成为支撑城乡发展、推动经济发展的新增长点，整个农村面貌将以田园综合体为核心实现巨变，城乡一体化和农业现代化的壮美场景将逐步成为现实。

第4章

田园综合体的创建

4.1 2017 年国家级与省级田园综合体试点项目及扶持资金

4.2 国家级田园综合体试点申报流程及要求

4.1 2017年国家级与省级田园综合体试点项目及扶持资金

2017年国家级与省级田园综合体试点项目

2017年田园综合体被写入中央一号文件，同年5月24日财政部就公布了《关于开展田园综合体建设试点工作的通知》，全国各省（自治区、直辖市）积极响应，开展田园综合体项目的申报、创建工作，田园综合体快速成为社会各界投资人士的热点话题，各地积极推进田园综合体发展模式的开发落地与创新实践。截至当年10月底，已知国家评议决定的田园综合体为26个，省级评议决定的田园综合体为10个，详见表4-1。

表4-1 2017年国家级与省级田园综合体试点项目

中央主管部门	省（直辖市、自治区）	国家级项目名称	省（自治区）级项目名称
财政部农业司（国务院农村综合改革工作小组办公室）	广 东	珠海市斗门区岭南大地田园综合体	
		河源市东源县灯塔盆地田园综合体	
	浙 江	安吉"田园鲁家"美丽乡村田园综合体	
		绍兴柯桥区漓渚镇"花香漓渚"田园综合体	
	江 苏	南京市江宁区溪田田园综合体	
		泰州兴化·千垛田园综合体	
	甘 肃	兰州市榆中县李家庄田园综合体	
	内蒙古	乌兰察布市四子王旗草原牧歌综合体	赤峰红山区田园综合体

中央主管部门	省（直辖市、自治区）	国家级项目名称	省（自治区）级项目名称
财政部农业司（国务院农村综合改革工作小组办公室）	内蒙古	土默特右旗"行·歌·敕勒"田园综合体	嘉丰现代休闲农业园田园综合体
	河南	洛阳市孟津县"十里多彩长廊"田园综合体	
		鹤壁市浚县王庄镇田园综合体	
	湖南	衡山县萱洲镇田园综合体	郴州市汝城县沙洲田园综合体
		浏阳故事梦画田园——浏阳田园综合体	娄底市新化县紫鹊界田园综合体
	江西	高安市巴夫洛田园综合体	黄马凤凰沟田园综合体
财政部国家农业综合开发办公室	山东	临沂市沂南县朱家林田园综合体	昌邑市潍水田园综合体
	河北	唐山市迁西县花乡果巷田园综合体	
	四川	（成都市）都江堰市天府源田园综合体	
	广西	南宁市西乡塘区"美丽南方"田园综合体	桂林市永福县罗锦镇田园综合体（2018）
	福建	武夷山市五夫镇田园综合体	漳浦县石榴镇田园综合体
			漳平市永福镇田园综合体
	山西	临汾市襄汾县田园综合体	
	海南	海口市田园综合体	
		海南共享农庄（农垦—保国）田园综合体	
	重庆	忠县三峡橘乡田园综合体	
	陕西	铜川市耀州区田园综合体	渭南市临渭区"贤乡紫韵"田园综合体
		汉中市洋县"魅力龙亭"田园综合体	
	云南	保山市隆阳区田园综合体	

从已公布的国家级田园综合体试点来看，各省情况不一，各有特点，总体上体现出综合开发的特征。各试点的范围、规模都比传统的涉农园区更广，要求成片开发、整体开发，投资力度较大，从2亿元到40亿元不等，需要撬动社会资本，统筹建设发展；从规模来看，面积最大约10万亩，最小约2万亩[19]。农业产业主要以园艺作物（蔬菜、花卉、林果）为主，少部分省份以粮食作物（小麦和水稻）为主。

根据各地以往的田园综合体实践和基础，国内发展较早、模式较成熟的农业综合体项目大多集中在自然资源禀赋较好、经济发展条件较好的省（直辖市），如江苏、浙江、重庆、湖北、湖南、四川、台湾等地区，这些地方正在积极打造田园综合体。例如，武汉市力争用5年时间，建设2~3个面积30~50平方千米的大型都市田园综合体，每个可获市级财政奖补创建资金3亿元，建设用地指标同时向综合体倾斜，鼓励采取PPP模式创建。重庆市农业综合开发围绕农业循环经济、农旅结合、特色效益农业等领域进行了一系列探索，目前已建成6个具有田园综合体雏形的现代农业综合开发重点项目区，正改变着周边农户的生产方式，逐渐成为当地的乡村旅游名片。田园综合体建设结合各地经验、特色，正呈现出一派欣欣向荣的景象。

其他田园综合体，如田园东方投资集团有限公司打造的无锡阳山田园综合体、南昌田园综合体、浙江嵊州绿城现代农业综合体等，在政府、企业及社会力量的参与下，发展势头迅猛，也取得了较好的进展。

据编者了解，有的省份及一二线城市虽然未能进入2017年试点项目，但是仍在积极筹备田园综合体的申报和建设工作并探索创建规范，希望通过自身的资源、信息、科技、人才、资金集聚等优势，在强化农业、农村发展的同时，探索、总结田园综合体发展经验，对国内其他地区建设田园综合体发挥宝贵借鉴作用。

田园综合体扶持资金

财政部《通知》（2017）指出，中央财政从农村综合改革转移支付资金、现代农业生产发展资金、农业综合开发补助资金中统筹安排，每个试点省（直辖市、自治区）安排试点项目1~2个，各省（直辖市、自治区）可根据实际情况确定具体试点项目个数。在不违反农村综合改革和国家农业综合开发现行政策规定的前提下，试点项目资金和项目管理具体政策由地方自行研究确定。同时，各试点省级、县级财政部门要统筹使用好现有各项涉农财政支持政策，创新财政资金使用方式，采取资金整合、先建后补、以奖代补、政府与社会资本合作、政府引导基金等方式支持开展试点项目建设。经财政部年度考核评价合格后，试点项目可继续安排中央财政资金。对试点效果不理想的项目将不再安排资金支持（表4-2）。

表4-2　国家财政资金安排

政策文件	类　别	具体内容
财政部《关于开展田园综合体建设试点工作的通知》（财办〔2017〕29号）	三大政策扶持资金	村综合改革转移支付资金 现代农业生产发展资金 农业综合开发补助资金
	五种财政资金使用方式	资金整合 先建后补 以奖代补 政府与社会资本合作 政府引导基金
农发办《关于开展田园综合体建设试点工作的补充通知》（国农办〔2017〕18号）	粮食主产省份	河北、山东、四川等主要粮食生产区安排中央财政资金5000万元（2017年）
	非粮食生产省份（直辖市、自治区）	山西、福建、广西、海南、重庆、云南、陕西等非粮食主产区安排中央财政资金4000万元（2017年）

国家农发办《补充通知》（2017）指出，试点建设内容在符合《国家农业综合开发资金和项目管理办法》（财政部令第84号）政策规划范围内，试点项目资金和项目管理政策由地方自行研究确定，鼓励各地根据具体情况先行先试。试点建设内容超出财政部令第84号规定的，鼓励采取统筹整合财政资金、加大地方财政投入、吸引社会资金投入等方式解决。确需超出规定范围的，由市、县进行充分论证并予重点说明，经省（自治区）财政厅研究后报国家农发办审批。

田园综合体建设资金主要是通过财政资金撬动社会资本，激活农村资本，进行市场化运作。据2018年两会对政府结构的调整，将农业部的职责以及国家发展和改革委员会的农业投资项目、财政部的农业综合开发项目、国土资源部的农田整治项目、水利部的农田水利建设项目等管理职责整合，成立农业农村部。田园综合体将由农业农村部对口管理。

4.2 国家级田园综合体试点申报流程及要求

编者通过研读财政部发布的文件，将项目申报流程及要求专门列出，以方便申报单位快速熟悉试点项目申报流程，按要求做好相关准备工作并及时提交申报材料[20]。

国家级田园综合体试点申报流程

（1）主管部门与试点分布

编者田园综合体试点项目由财政部农业司（国务院农村综改办）和财政部国家农业综合开发办公室两个部门主管①，试点分布及文件要求详见表4-3。

表4-3　田园综合体试点主管部门与试点分布

主管部门	财政部农业司	国家农业综合开发办公室
主管省份	广东、浙江、内蒙古、江苏、河南、甘肃、湖南、江西共8个省（自治区）	河北、山西、福建、山东、广西、海南、重庆、四川、云南、陕西共10个省（直辖市、自治区）
各省试点项目数（个）	1 ~ 2	1
文件要求	财政部《关于开展田园综合体建设试点工作的通知》（财办〔2017〕29号）	财政部《关于开展田园综合体建设试点工作的通知》（财办〔2017〕29号） 农发办《关于开展田园综合体建设试点工作的补充通知》（国农办〔2017〕18号）

---

① 根据2018年3月中共中央印发的《深化党和国家机构改革方案》，财政部的农业综合开发项目的管理职责整合并入新组建的农业农村部。

（2）申报流程及材料准备

①申报流程　第一批国家级田园综合体试点项目单位经过县级申报、省级竞争立项、专家现场考核、项目送审、立项评议、修改完善等步骤，最终被确定立项，未通过工作考评的试点，资金支持随之终止（图4-1）。

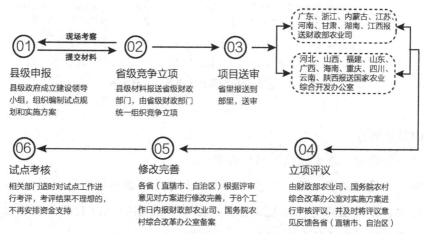

图4-1　国家级田园综合体申报流程图

立项评议的重点是试点方案的总体思路、政策合规性、建设重点、资金投入、体制机制创新等方面。评议主体是国家农发办、专家成员。评议流程如下：

试点省份介绍试点方案→专家现场点评→集中汇总评议→专家评议结果反馈→修改完善

②材料准备　准备申报材料需要认真编制试点规划和年度实施方案（图4-2）。试点方案参考编制大纲按照国农办〔2017〕18号文件①要求。

（3）试点方案参考编制大纲

①基本情况　开展试点区域内（包括建设地点所在的市、县、乡镇和行政村）农业农村经济和社会发展、农业基础设施和农业产业发展，开展试点的必要性和重要性介绍等。

②田园综合体概况　包括田园综合体建设地点、区域面积、时间、建设领导小组情况、主要技术支持与合作单位、主导产业（产品）、企业与农户等

---

① 国家农业综合开发办公室发布《关于开展田园综合体建设试点工作的补充通知》。

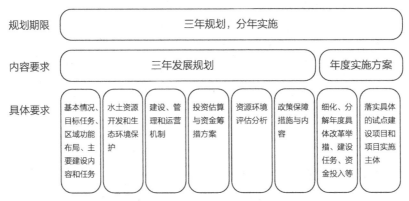

图4-2 国家级田园综合体申报材料准备图

方面的总体情况。

③指导思想、基本原则、目标任务

④主要建设内容 田园综合体内六大支撑体系建设任务，包括功能板块、项目布局、发展重点等，附规划图。年度实施方案中还应明确年度项目建设内容、建设数量或任务。

⑤建设、管理和运行机制 包括田园综合体的建设运行管理机构，运行机制；农民、村集体组织、农民专业合作社与企业的利益联结机制等。

⑥投资估算与资金筹措方案 3年总投资及分年度投资需求估算，农业综合开发资金安排用于土地治理项目和产业化经营项目的资金规模和比例；统筹整合其他渠道财政资金的来源及建设内容；社会资本及金融资本的来源及建设内容等。年度实施方案中应进一步细化落实到具体建设项目的投资估算和资金筹措方案。

⑦经济、社会和生态效益分析

⑧资源环境影响评估分析 重点对区域内水资源供需平衡及水质、生态环境影响进行分析。

⑨政策保障措施

⑩其他

第一，分年度建设内容、目标任务和投资估算，须以附表形式予以说明。

第二，当年拟扶持的土地治理项目和产业化发展项目，应编制可行性研究报告，按照有关规定组织评审。

第三，省级农发机构还应对竞争立项、项目公示等方面情况予以说明。

国家级田园综合体申报要求

（1）田园综合体试点立项七大条件

①功能定位准确　围绕有基础、有优势、有特色、有规模、有潜力的乡村和产业，按照农田田园化、产业融合化、城乡一体化的发展路径，以自然村落、特色片区为开发单元，全域统筹开发，全面完善基础设施。突出农业为基础的产业融合、辐射带动等主体功能，具备循环农业、创意农业、农事体验一体化发展的基础和前景。明确农村集体组织在建设田园综合体中的功能定位，充分发挥其在开发集体资源、发展集体经济、服务集体成员等方面的作用。

②基础条件较优　区域范围内农业基础设施较为完备，农村特色优势产业基础较好，区位条件优越，核心区集中连片，发展潜力较大；已自筹资金投入较大且有持续投入能力，建设规划能积极引入先进生产要素和社会资本，发展思路清晰；农民专业合作社组织比较健全，规模经营显著，龙头企业带动力强，与村集体组织、农民及农民专业合作社建立了比较密切的利益联结机制。

③生态环境友好　能落实绿色发展理念，保留青山绿水，积极推进山水田林湖整体保护、综合治理，践行"看得见山、望得到水、记得住乡愁"的生产生活方式。农业清洁生产基础较好，农业环境突出问题得到有效治理。

④政策措施有力　地方政府积极性高，在用地保障、财政扶持、金融服务、科技创新应用、人才支撑等方面有明确举措，水、电、路、网络等基础设施完备。建设主体清晰，管理方式创新，搭建了政府引导、市场主导的建设格局。积极在田园综合体建设用地保障机制等方面做出探索，为产业发展和田园综合体建设提供条件。

⑤投融资机制明确　积极创新财政投入使用方式，探索推广政府和社会资本合作，综合运用先建后补、贴息、以奖代补、担保补贴、风险补偿金等，撬动金融和社会资本投向田园综合体建设。鼓励各类金融机构加大金融支持田园综合体建设力度，积极统筹各渠道支农资金支持田园综合体建设。严控政府债务风险和村级组织债务风险，不新增债务负担。

⑥带动作用显著　以农村集体组织、农民专业合作社为主要载体，组织

引导农民参与建设管理，保障原住农民的参与权和受益权，实现田园综合体的共建共享。通过构建股份合作、财政资金股权量化等模式，创新农民利益共享机制，让农民分享产业增值收益。

⑦运行管理顺畅　根据当地主导产业规划和新型经营主体发展培育水平，因地制宜探索田园综合体的建设模式和运营管理模式。可采取村集体组织、合作组织、龙头企业等共同参与建设田园综合体，盘活存量资源、调动各方积极性，通过创新机制激发田园综合体建设和运行内生动力。

（2）六类不予受理的情况

①未突出以农为本，项目布局和业态发展上与农业未能有机融合，以非农业产业为主导产业。

②不符合产业发展政策。

③资源环境承载能力较差。

④违反国家土地管理使用相关法律法规，违规进行房地产开发和私人庄园会所建设。

⑤乡、村举债搞建设。

⑥存在大拆大建、盲目铺摊子等情况。

第5章

田园综合体案例借鉴

5.1 2017 年国家级与省级田园综合体试点项目解析

5.2 国外田园综合体发展经验借鉴解读

5.3 国内田园综合体发展启示借鉴解读

2017年国家级与省级田园综合合体试点项目解析

根据财政部《通知》（2017）和国家农发办《补充通知》（2017）要求，2017年财政部确定河北、山西、内蒙古、江苏、浙江、福建、江西、山东、河南、湖南、广东、广西、海南、重庆、四川、云南、陕西、甘肃18个省（直辖市、自治区）开展田园综合体建设试点。目前，经过项目申报和评议工作，2017年各地的国家级田园综合体创建名单已经陆续确定，有的地方也陆续确定了省级田园综合体，2018年的国家级及省级试点项目也在积极准备当中。本章节主要对这两方面的案例进行解析（按照国家出台文件里的排序），为今后创建田园综合体的实践者提供经验借鉴。

河北省

国家级田园综合体试点项目——唐山市迁西县花乡果巷田园综合体[21, 22]

①项目简介 该项目是河北省唯一的国家级田园综合体试点项目，项目地处唐山市迁西县东莲花院乡，规划区总面积为7.35万亩，涵盖西山、徐庄子、西花院、东花院、东城峪等12个行政村。

②产业体系及空间布局 项目核心产业体系包括：安梨种植产业、葡萄种植产业、李子种植产业、猕猴桃种植产业、油用牡丹种植产业和杂果种植产业。配套产业体系包括"三区两中心"。"三区"即智能体验区、冷链物流区、生产加工区，"两中心"即电子商务中心、科技研发中心。延伸产业体系包括"一镇四区十园"，"一镇"即花乡果巷特色小镇，"四区"即百果山林休闲体验区、浅山伴水健康养生区、记忆乡居村社服务区、生态环境涵养区，

"十园"即十大项目产业园，包括梨花坡富贵牡丹产业园、五海猕猴桃庄园、黄岩百果庄园、松山峪森林公园、莲花院颐养园、神农杂粮基地、CSA（社区支持农业）乡村公社、游客集散中心、玉泉农庄、乡村社区旅游廊道。

③项目投资　项目建设期3年，总计获财政资金支持2.1亿元，其中中央财政资金1.5亿元、省财政配套资金4800万元、县级财政配套资金1200万元。其他投资资金151.138万元，其中县政府整合资金56.758万元、吸收社会资本94.380万元。

④产业优势　项目所在地东莲花院乡，地处迁西、迁安、丰润、滦县4县交界处，具有良好的区位和交通优势。迁西县历史文化悠久、资源禀赋优良、产业特色鲜明、生态环境良好。全县森林覆盖率63%，是著名的"中国板栗之乡""中国栗蘑之乡"，是国家级生态示范区、国家级园林县城，是中国十佳宜居县城、全国百佳深呼吸小镇，是全国首批全域旅游示范区创建单位、全国休闲农业与乡村旅游示范县。

⑤项目解读　项目是以"山水田园，花乡果巷，诗画乡居"定位，建设以特色水果、杂粮产业为基础，以油用牡丹、猕猴桃、小杂粮产业为特色，以生态为依托、旅游为引擎、文化为支撑、富民为根本、创新为理念、市场为导向，特色鲜明、宜居宜业、惠及各方的国家级田园综合体。全面构筑"一、十、百、千、万"目标体系，即打造一个迁西模式、建设十大项目园区、构筑百个文旅景观、解决千人致富就业、吸引百万游客观光休闲。

山西省

国家级田园综合体试点项目——临汾市襄汾县田园综合体 [23, 24]

①项目简介　该项目建设区域规划涉及新城、邓庄、大邓3个乡镇，共涵盖19个村庄3.6万亩农田。

②产业体系及空间布局　项目规划空间布局为"一廊一庄三园三区"，规划预计占地1.3万亩高标准农田。项目主要落脚点为新城镇林乡四季庄园，庄园结合自身基本情况规划建设主要包括种植区、游玩区、体验区、摄影区、大型活动区、自然课堂区、小型动物园、滑雪场等。

③项目投资　项目建设资金使用现有各项涉农财政支持政策及创新财政资金，整体采取资金整合、先建后补、以奖代补、政府与社会资本合作、政府

引导基金等方式。

④产业优势　林乡四季庄园致力发展休闲农业与乡村旅游，其核心文化为乡村乡土文化、非物质文化遗产项目传承、农业花卉树木科普教育、各项体能拓展等，是襄汾乡村旅游和休闲旅游的先行者。林乡四季庄园内拥有紫藤长廊、花海科普区、农活体验区、乡村游乐园、手工坊、百工坊、春播秋收园、五谷八卦农事园、植物科普区、萌宠乐园等众多特色园区，具有建设田园综合体的基础和优势。

⑤项目解读　襄汾县致力于发展集循环农业、创意农业、农事体验于一体的田园综合体，林乡四季庄园规划具有科普教育、体能拓展、亲子游玩、动物饲养、农事体验、特色餐饮、儿童游乐、婚纱摄影、草坪婚礼、四季采摘、有机种植、休闲度假等众多功能，将休闲农业与乡村旅游相结合，既为忙碌的现代人提供了一个休闲生活的好去处，又使农民能够充分参与和受益。

内蒙古

（1）国家级田园综合体试点项目——乌兰察布市四子王旗草原牧歌综合体 [25-27]

①项目简介　该项目地距呼和浩特市 120 千米，以畜牧业为主，规划面积 2.25×10^6 公顷。

②产业体系及空间布局　项目建立在以"牧业 + 旅游"为根本、以"文化 + 旅游"为支撑的产业体系上，致力于打造融合畜牧业科技创新、草原生态观光、体验牧业、文创节庆为一体，多元产业叠加，具有完整产业链和民族区域特色的国家级草原牧歌综合体。

③项目投资　项目建设主要依托赛诺羊业公司，该公司在资金、技术上均有独特优势，并拥有当地独特的养羊业发展模式。

④产业优势　作为四子部落游牧地、神舟飞船着陆地，项目特色鲜明。

⑤项目解读　该项目试点以农牧民合作社、畜牧科技企业、牧家乐等涉牧旅游企业为载体，围绕循环农业、创意农业、农（牧）事体验与美丽乡村，打造四子王旗独具特色的"田园牧歌"文旅产业，让农牧民充分参与和受益。

（2）国家级田园综合体试点项目——土默特右旗"行·歌·敕勒"田园综合体[28]

该试点项目位于呼、包、鄂金三角区域，规划面积 8×10^3 公顷。区域内有4个4A级景区、42家农民专业合作社、5家大型农企。农产品特色鲜明，有杏、肉羊、特色杂粮等。生产组织化程度高，采取"勒川文化＋高端时尚休闲"模式运营。乡村旅游资源丰富，有阴山、土默川平原、黄河等景观要素。

（3）自治区级田园综合体试点项目——赤峰红山区田园综合体[29, 30]

该试点项目规划区位于文钟镇，北接赤峰市中心城区，东接元宝山区，西、南邻喀旗，总规划面积约 3.08×10^4 公顷，占该区总面积的61%及农村面积的76%。覆盖8个行政村、84个自然村、6846户、26122人。

（4）自治区级田园综合体试点项目——嘉丰现代休闲农业园田园综合体[31]

该试点项目选择在有基础、有优势、有特色、有规模、有潜力的黄河湿地管委会管辖区涉及的东营子村和郝家窑村，农民专业合作社组织健全、农业龙头企业和新型农业经营主体带动力强、农村特色优势产业基础较好、生产组织化程度较高、区位和生态等资源环境条件优越。开发主体已自筹资金投入建设发展潜力较大的嘉丰现代休闲农业园，且自身具有持续投资能力。

江苏省

（1）国家级田园综合体试点项目——南京市江宁区溪田田园综合体[32, 33]

①项目简介　该项目位于江宁区横溪街道西岗社区，总规划面积10776亩，涵盖7个自然村和吴峰新村社区，区域内有1384户农民、4570人，目前拥有1个龙头企业、8个农民专业合作社。

②产业体系及空间布局　项目主体建设格局为"一轴二园七乡村一社区"。"一轴"即江宁美丽乡村生态循环线主轴，"二园"即七仙大福村园区和溪田生态农业园，"七乡村"即陶高村、朱高村、龙王村、双槐村、下泗陇村、乔木山村、张家村7个自然村，"一社区"即吴峰新村社区。项目建设坚持立足"农"字，推进农业结构优化调整，围绕田园农业这一基础，打造规模化、特色化、绿色化、品牌化、融合化的现代农业产业，探索出一条政府

引导、企业主体、合作社运营、村民积极参与的新路子，切实带动农村经济，实现农业增效、农村增绿、农民增收的目标。

③项目投资 项目计划经3年时间，总计投入资金6.21亿元。其中，财政部每年奖补2500万元，连续奖补3年；2017年省财政厅奖补1000万元。

④产业优势 该项目是江宁区最大的集高度机械化生产、特色果园种植、特种水产养殖、规模化中草药种植和高档花卉园艺开发于一体的，高品质、安全、休闲、低碳、无污染、可循环的现代化农业园区样板，主要建设内容包括综合服务区、田园观光区、农事体验区、畜牧养殖区、茶果游乐区等九大功能片区，旨在打造多元化农业产业链，带动提升农田经济效益，促进农民致富创业。

⑤项目解读 该试点项目主要由智慧农业、人文景观、福茶文化、中药百草园、体验娱乐、土产销售、农家饭菜和民俗度假等八大板块组成，既有农事体验，也有亲子娱乐，还有骑马、卡丁车等项目，为游客提供了别致的生态田园之旅。

（2）国家级田园综合体试点项目——泰州兴化·千垛田园综合体[34, 35]

①项目简介 该项目位于缸顾乡，辖东旺、西旺、东罗、西罗4个村，核心区7000亩。项目地处江苏省中部、泰州市北部、兴化市西北部，位于泰州、扬州、淮安、盐城等城市的中心位置，占地1000公顷，其中核心区占地4400亩。

②产业体系及空间布局 项目核心区划分为农业景观区、休闲集聚区、农业生产区、生活居住区四大功能区。项目采取"1.5产业"策略（指除传统的农业经营方式外，加进了工业生产方式和各种服务产业）和"农业+"策略，详见图5-1。

③产业优势 围绕生态旅游景区建设，兴化市像抓工业一样抓旅游项目的开发、建设、推介。千垛景区已成为兴化最靓丽的生态名片。"兴化垛田"被联合国评为"全球重要农业文化遗产"。兴化市还对家庭农场、农民专业合作社等实施升级工程，鼓励其向田园综合体发展。

④项目解读 该试点项目面广量大，注重对样板的细节打造，既与前期的平旺湖景区退圩还湖、退渔还湖和村庄发展等规划相吻合，又兼顾完善生产、

生活、生态功能；以人为本，找准产业，发展壮大各类农民专业合作社、旅游合作社等新型农村经营主体，让当地老百姓参与进来，带领周边致富；彰显了生态文化，特别是保护和传承了兴化特色文化。

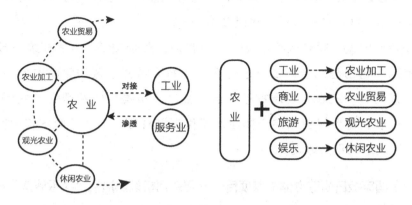

图 5-1 "1.5 产业"策略和"农业 +"策略图

浙江省

（1）国家级田园综合体试点项目——安吉"田园鲁家"美丽乡村田园综合体[36, 37]

①项目简介　该项目以鲁家村为核心，辐射、带动周边南北庄、义士塔、赤芝 3 个行政村，规划范围总计约 84000 亩。旨在打造家庭农场、高端民宿、乡村旅游相结合，集生产、生活和生态功能于一体的美丽乡村田园综合体示范区。

②产业体系及空间布局　项目核心功能板块划分为"一廊三区"。"一廊"即鲁家（二庄）—南北庄（宜茂村）—赤芝（赤山）竹海走廊，将打造成为最美自驾车风景道，规划总长 7.5 千米，具有各村联动互助的交通优势。"三区"即"溪上田园"绿色生态农业示范区、"岭上家园"创意农业休闲度假区、"溪谷林园"生态农村乡居体，绿色生态农业示范区为核心先导区，主要为家庭农场集聚区，涉及家庭农场、房车营地、观光火车、飘香农田等多个经营业态；创意农业休闲度假区和生态农林乡居体分别为辐射带动区和拓展延伸区，布局主题营地服务区、梅园溪河谷和市民农庄等业态。最终形成"一带为核、一环贯通、三点辐射、四村共赢"的局面。

③项目投资　项目共分 3 年完成，预计总投资超过 4.5 亿元，撬动社会资本达 50 亿元。

④产业优势　鲁家村以 18 个家庭农场为核心，已初步形成村乡土乐园景区，为项目建设提供了自然资源支撑；同时，该村已形成"村 + 公司 + 农场"的运营机制，并引导有条件的村民参与经营。

⑤项目解读　项目以线串点、以点带面、整合资源，致力于发展成为国家级美丽乡村田园综合体试点示范区、乡村旅游样板区和家庭农场集聚区，力争为浙江省"三农"发展探索一套可复制、可推广的新型生产生活模式，为全国开展美丽乡村田园综合体建设提供浙江样板，成为"绿水青山就是金山银山"理念的现实体现。

（2）国家级田园综合体试点项目——绍兴柯桥区漓渚镇"花香漓渚"田园综合体[38, 39]

①项目简介　该项目核心区为漓渚镇棠棣村、棠一村、棠二村、六峰村、红星村和九板桥村 6 个行政村，总面积约 2.5 万亩。

②产业体系及空间布局　项目加快土地流转进度、抓紧推进花市提档升级，积极引进农业文旅类等项目，着力打响"花木集群看漓渚""高端兰花看漓渚""全域美丽看漓渚"3 张金名片，力争在 3 年内将"花香漓渚"建成集休闲农业集群发展区、宜业宜居宜游的美丽新家园、品质型高效生态农业样板区、高水平全面小康社会的示范区等为一体的全国田园综合体建设的浙江样本。

③项目投资　项目预计总投资超过 4 亿元。

④产业优势　漓渚镇有 6 个花卉专业村，花木基地 4 万余亩。其中，外拓基地 2 万多亩，兰花基地 1200 亩，基本形成了绿化苗木、盆景树桩、造型苗木、名优兰花等八大系列 2900 个花木品种。该镇还有 10 多个信息服务社和花卉专业合作社组织，250 多家花卉企业、10 多家国家城市园林绿化工程企业，形成了镇内苗木种植与外出苗木销售、绿化工程承包的产业联动。

⑤项目解读　该试点项目以现有的农业资源、产业基础、特色村落、传统文化为依托，在产业支撑、多元投入、主体培育、土地利用、基层治理、公共服务 6 个方面开展积极探索，着力建设农业主导产业培育、兰花综合交易集散、农业科技支撑、农业新型主体培育、村集体经济发展壮大等 10 个方面的试点内容。

福建省

（1）国家级田园综合体试点项目——武夷山市五夫镇田园综合体 [40, 41]

①项目简介　五夫镇位于武夷山市东南部，地处浦城、建阳、武夷山3市（县）交接地带，是个具有良好区位优势的农业集镇。镇城面积17575公顷，五夫村位于五夫镇镇区南部，联合五夫村周边10个村庄，形成"五夫田园"的规划范围。

②产业体系及空间布局　项目产业空间结构为"一心一轴五片区"。"一心"即五夫文化旅游中心，"一轴"即生态景观农业融合轴（打造浦南高速沿线优美的五夫生态园林景观，同时利用便捷的交通条件加速融入大武夷旅游体系），"五片区"即翁墩、田尾、五夫、溪尾、典村耕地内的京莲产业区。整个区域即五夫养生文化中心、台海茶文化合作区、海西莲产业示范区、爱莲岛度假区、武夷古亭休养区、卜空运动养生区、生态田园景观轴，共7个重点项目。

③项目投资　项目计划总投资7.2亿元，其中申请财政补助资金2.4亿元，分3年实施。资金来源还包括政府其他部门、农民专业合作社及龙头企业自筹和社会资金等。

④产业优势　五夫镇自古就有"邹鲁渊源""白莲之乡"的美称，历代名人辈出。在新农村建设进程中，五夫镇农田改造得以大力加强，道路交通条件不断改善，不仅改善了广大农户的生活方式、增加了农民的收入，还积极创建宜居村庄，为其成为福建省农业综合开发田园综合体首个国家级示范点提供了良好优势。

⑤项目解读　项目以园区中的农业产业区、休闲旅游区、文创产业区、朱子文化休闲小镇、农业科技区五大功能区的项目建设为主要内容，整合各部门及社会资金，对粮食、茶、莲、竹等主导特色产业进一步提标、提质、提升，拓展项目建设内容和内涵；全面高标准建设观赏型、生态型农业；全面提升完善农产品生产、销售、仓储、物流网络等项目建设；全面提高农业科技、特色农业种植水平；创新建设农民技术培训机制；全面增强村集体经济活力，打造"清新福建""美丽武夷""悠闲五夫"，最终建成集循环农业、创意农业、农事体验于一体的国家级田园综合体。

（2）省级田园综合体试点项目——漳浦县石榴镇田园综合体

该试点项目总面积 28350 亩，以象牙村、攀龙村为主要建设区，2017 年计划投资 1.08 亿元。项目依托农业生产、农村生活、农事体验、红色文化和温泉旅游资源，构建"一轴一带、一园两村"的空间布局，打造"十里树洞、百里花溪、千亩花田、万亩花谷"景观带、"闽南井冈山"红色文化带和"温泉乡村游"生态宜居地，建设以"四季花果、红色文化、温泉养生"为主题的田园综合体。

（3）省级田园综合体试点项目——漳平市永福镇田园综合体

该试点项目总面积 3 万亩，园区包括红心火龙果、芦荟、白芨等产业种植基地。农民参与田园综合体建设发展的方式和利益联合机制包括合同联合、合作联合、股份合作联合等。通过政府引导、打造民宿和农家乐项目，推动一二三产业细化分工，构建"龙头企业 + 新兴合作社 + 家庭农场 + 农户"的开发新模式。

福建省省级田园综合体试点项目 3 年计划投入省级以上财政补助资金约 1 亿元，如果建设成效较好且符合政策要求，此后可逐步纳入国家级试点范围。

江西省

（1）国家级田园综合体试点项目——高安市巴夫洛田园综合体 [42, 43]

①项目简介　该项目位于高安市昌西文化产业园内，规划面积 1500 公顷。

②产业体系及空间布局　项目总体布局是"一谷一园一镇"。"一谷"即巴夫洛生态谷，主要划分为现代循环农业示范区、农耕文化体验区、生态牧场游憩区、乐龄中医药康养区和市民农园五大板块，融入"闲、养、乐、学"，尽显生态高地的独有特色，是巴夫洛田园综合体的品牌基础和人气平台；"一园"即巴夫洛农产品电子商务产业园，紧紧围绕高安市特色农产品精深加工，以科技创新为引领、市场需求为导向，专注建设集约、高效和生态友好型的农产品加工体系，产业园主要涵盖农产品电子商务平台、特色农产品精深加工基地、中央厨房餐饮供应系统、冷链仓储物流中心、农业创业孵化平台五大板块；"一镇"即巴夫洛风情小镇，是集旅游综合服务、新农村及田园城市节点建设示范为一体的特色风情小镇，是巴夫洛生态农业综合体的服务

中心、形象展示窗口和公司与村民利益共同体，主要划分为巴夫洛生态谷入口综合服务区和巴夫洛中心村两大板块。

③项目投资 预计项目总投资30亿元。

④产业优势 项目顺应江西绿色崛起战略，以"生态高地、农业慧谷"为主题，建设以农业物联网技术为核心的现代农业体系，以江西特色农产品加工与配送为支撑的产业体系和以原有12个赣派乡村及耕读文化为依托的生态休闲文旅体系，真正实现三大产业融合联动，整合原住村民资源，实现共同富裕，打造田园化的美丽中国江西样板。

⑤项目解读 该项目采用点线面结合、分期滚动的开发建设模式，安全有序，分布到位，有机地实现经济效益、社会效益和生态效益的高度统一，项目共分两期进行。一期于2017年完成巴夫洛风情小镇建设，完成巴夫洛生态谷内路网、水系、园区围网等基建工程及现代设施农业建设，启动巴夫洛农产品电子商务产业园之中央厨房项目；二期在2018—2020年实现巴夫洛生态谷开园，打造赣西特色鲜花小镇、生态牧场、乐龄中医药康养等项目，滚动开发巴夫洛电子商务产业园。巴夫洛田园综合体建成后，可实现年收益200亿元，提供就业岗位1万个，进一步带动江西现代农业的转型升级，实现政府、企业、村民在经济、社会、生态等多方面的利益最大化。

（2）省级田园综合体试点项目——黄马凤凰沟田园综合体[44, 45]

①项目简介 该项目位于南昌县黄马乡蓝园大道旁，离南昌市中心35千米，属丘陵地势，规划面积3万亩，其中核心区1.2万亩。

②产业体系及空间布局 项目整体规划结构为"一核一带、五区六组团"。以花海原乡和凤凰沟风景区为核心，将桑茶文化、旅游观光与产业发展相结合，形成文旅休闲、旅游观光与产业发展的融合模式，考虑功能搭配、规模搭配、空间搭配，以多样的业态规划形成旅游度假目的地。项目集生态模式、科技集成示范、品种展示、科普教育、技术培训、农业体验、休闲观光于一体，常年有花、月月有果，采取"特色景观＋四季花事＋休闲度假＋特色产品"的模式。特色景观在中国最美茶园——茶海。春之樱花谷赏樱（有粉、绿、白、红等色彩），夏之香草园品薰衣草（有法国、英国等品种），秋之枫林观红叶（有美国红枫、日本红枫、鸡爪槭、红翅槭、欧亚红槭等10余个品

种，还会举办桂花节，桂花树达 8 万株），冬之梅园鉴梅骨（有宫粉型、红梅型、玉蝶型、朱砂型和洒金型等）。白浪湖度假村按照四星级饭店标准建设而成，是集餐饮、住宿、会议、培训、康健于一体的别墅式高级休闲度假中心。特色产品有桑叶面、桑叶茶、桑叶馒头、桑果汁、无患子纯天然手工皂、桑葚冰酒、蚕丝被、茶叶枕、真丝围巾等蚕桑丝绸产品。凤凰沟是世人共有的美丽花园、天然氧吧，非常有利于对人"眼、心、肺、胃"养生保健的科学需要：观生态美景，赏心悦目；吸新鲜空气，清心润肺；品绿色食品，护肠养胃。

③项目投资　预计项目总投资 1.5 亿元。

④产业优势　项目区先后荣获全国休闲农业与乡村旅游五星级园区、国家 4A 级旅游景区、全国休闲农业与乡村旅游示范点、全国科普教育基地、江西省优秀新旅游景区、省级农业科技园区、江西最大的"开心农场"、南昌市乡村旅游精品线路一等奖等荣誉称号，是南昌最大的户外婚纱摄影基地，是摄影家的宠儿，被誉为"生态宝园"和"人间仙境"。

⑤项目解读　该项目具备生态优美、科技优秀、文化深厚的特色，具备开展农业观光、休闲、体验、科普的良好条件，被誉为生态宝园，是江西省目前最大的观光农业园区。

山东省

（1）国家级田园综合体试点项目——临沂市沂南县朱家林田园综合体[46-48]

①项目简介　该项目位于沂南县城西 32 千米的岸堤镇，规划总面积 1200 公顷，核心区 100 公顷，辖 5 个行政村、8 个自然村，是由政府引导、创客引领、综合规划、多主体参与，按照田园综合体构成要素协同打造的，规划总面积为 4.3 万余亩。

②产业体系及空间布局　项目将以农业综合开发为平台，规划建设农业产业区、生活居住区、文化景观区、休闲聚集区、综合服务区五大功能区，重点构建生产体系、产业体系、经营体系、生态体系、服务体系、运行体系六大支撑体系。

③项目投资　项目区是沂南农业综合开发部门自 2016 年起着力打造的产业融合发展示范区，已累计投入资金 1260 万元，吸引其他类财政项目 10 个、

资金 4500 万元,撬动社会资本投入 1.2 亿元,带动 22 家新型经营主体进驻,作为山东省唯一的国家级田园综合体建设试点,该项目将连续 3 年获得财政资金支持共计 2.1 亿元,其中中央财政资金 1.5 亿元、省财政配套资金 5400 万元、市财政资金 600 万元。

④产业优势　项目园区同时构建了朱家林生态艺术社区,朱家林首期更新的区域位于村子的核心区,由社区服务中心、美术馆、乡村生活美学馆、餐厅、咖啡厅以及民宿区构成。其中,中心街、乡村生活美学馆及 3 个民宿院落已经建设完成。

⑤项目解读　项目以农民专业合作社、农业创客为主体,通过大力打造农业产业集群、稳步发展创意农业、开发农业多功能性,推进农业产业与旅游、教育、文化、康养等产业深度融合,实现田园生产、生活、生态有机统一和一二三产业的深度融合,建设成为"创意农业 + 休闲旅游 + 田园社区"的田园综合体。为三农发展摸索出一套可推广、可复制、稳定的生产生活方式,走出一条集生产美、生活美、生态美"三生三美"为一体的乡村发展新路子。

(2)省级田园综合体试点项目——昌邑市潍水田园综合体[49, 50]

①项目简介　该项目规划总面积约 3 万亩,包括核心区 5000 亩、辐射区 2.5 万亩。其中,核心区涉及 2 个行政村,常住人口约 2600 人。

②产业体系及空间布局　项目总体规划布局主要以南北两侧青山和博陆山两大国家 3A 级景区和西侧的总长 78 千米的潍河风光带为基础,分为核心区域板块、辐射带动板块、生态景观板块三大板块,重点打造 5000 亩核心区域板块。构建"六区三园一中心"的发展格局。"六区"即现代农业示范区、农特产品加工物流区、循环农业示范区、幸福田园居住区、康养教育配套区、文旅休闲聚集区,"三园"即农业科技博览园、农耕文化与农事体验园、创新创业孵化园,"一中心"即综合服务中心。

③项目投资　预计项目总投资约 10 亿元,2017 年省级财政将先行安排 2000 万元资金支持该试点项目建设。

④产业优势　山东省昌邑市有 4000 多年历史,文化积淀深厚。境内水资源、植物资源丰富,作为"国家城市公园"的潍水湿地公园不单是昌邑市的绿色动脉,更是休闲观光的好去处。

⑤项目解读 项目以农业综合开发为平台，走政府引导、企业投资、农民参与、财政扶持、市场化运作的新路子，按照田园综合体的构成要素协同打造。

河南省

（1）国家级田园综合体试点项目——鹤壁市浚县王庄镇田园综合体[51]

①项目简介 该项目位于河南省鹤壁市浚县王庄镇，在中原经济区1小时经济圈和首都3小时经济圈内。

②产业体系及空间布局 项目总体规划为"一核二区一带一网"。"一核"即景观吸引核，该区占地约5000亩，重点建设现代农业观光娱乐、农业科技休闲体验、高效农业生产示范等板块；"二区"即休闲聚集区和农业生产区，休闲聚集区占地约2000亩，重点建设特色商业街区、游客服务中心、特色观光园等板块，农业生产区占地6万亩，重点建设优质小麦等粮食作物的标准化生产示范、新品种新技术的试验示范、种子繁育等板块；"一带"即居住发展带，该区占地约5000亩，可安置约5.3万村民居住；"一网"即社区配套网，该区包括污水处理厂、供水厂、垃圾中转站、天然气站、变电站、社区服务中心等板块。

③项目投资 项目将获得中央及省财政2500万元的资金支持，实行先建后补，分批拨付。

④产业优势 浚县因地制宜建设特色农产品基地，重点发展优质小麦20万亩，进一步提高农业供给质量和效益。

⑤项目解读 项目着力探索生态农业、观光农业、创意农业融合发展新路子，促进一二三产业深度融合发展，努力打造绿色农业产业链，实现粮油资源向粮油经济的转变。

（2）国家级田园综合体试点项目——洛阳市孟津县"十里多彩长廊"田园综合体[52, 53]

①项目简介 该项目位于河南省洛阳市孟津县，南距洛阳市区10千米，北距黄河5千米，规划面积8万亩，其中核心区2万亩。

②产业体系及空间布局 项目区分为都市生态休闲农业观光区、高效设

施农业示范区、河图文化传承区、生态果品采摘区、美丽乡村示范区五大区域。开展瓜果蔬菜、花卉苗木、农作物种植、农家乐旅游、住宿服务等经营活动。

③项目投资　项目将获得中央及省财政 2500 万元的资金支持，实行先建后补，分批拨付。

④产业优势　项目位于河洛文化源头，农业产业优势突出。园区内有各类农业企业（农民专业合作社）98 家，其中省级产业集群 1 个，市级农业产业化龙头企业 15 家，国家级示范合作社 1 个，省级示范合作社 5 个，市级示范合作社 20 个，拥有国家农产品地理标志产品 3 个。

⑤项目解读　孟津县委、县政府围绕农业、农村、文化、旅游"四位一体"发展目标，在河南省农民工返乡创业示范区——孟津四季瓜果长廊创新创业空间项目的基础上，规划了该田园综合体。项目建成后，将为孟津县早日建成洛阳的产业发展新高地、生态宜居健康城、文化传承示范区起到巨大的推动、示范、引领作用。

湖南省

（1）国家级田园综合体试点项目——浏阳故事梦画田园——浏阳田园综合体[54]

①项目简介　该项目区地处湖南省浏阳市，涉及永安镇和官渡镇 2 个乡镇，浏阳在长沙市与湘赣边具有独特的区位优势和产业优势。

②产业体系及空间布局　项目形成"一带两区"的发展格局。"一带"即以"永安—官渡—大围山"为主线的现代农业与旅游业融合发展的新兴产业经济带；"两区"即"童话湾里"功能区和"诗画中州"功能区。"童话湾里"功能区位于永安镇芦塘村，围绕老种子搜集储存、研发培育、繁育推广、体验品尝、农产品精深加工全产业链，将重点打造中华老种子博览园、老种子主题民宿、老种子美栗谷等支撑项目，努力探索一条以乡贤引领集体经济发展为特色的田园综合体发展新模式。"诗画中州"功能区以官渡镇竹联村、浏阳河第一湾为核心区域，分为桂园国际美食体验园、浏阳河第一湾观光体验区和客家风情民宿体验园三大板块。依托大围山国家森林公园 4A 级旅游景区、浏阳河第一湾水体资源、官渡古镇文化旅游资源，一方面将以唆螺特产、

客家蒸菜、客家美食文化、无公害天然蔬菜、农耕美食文化，打造中州美味；另一方面以中州紫薇生态花卉、乡村民宿、中州湖、生态丛林、浏阳河第一湾、大溪河风景，打造山水风光与民宿风情系列，构筑"诗画中州"功能区的美景图。

③项目投资　浏阳市财政局将发挥优势，创新资金筹集方式，3 年内省内 2 个国家级示范点共投入 3.77 亿元。

④产业优势　浏阳市在湖南省率先启动全城美丽乡村建设示范县创建工作，全面统筹农村精神文明建设和美丽乡村建设，使环境优势向经济优势转化，是中国十佳生态文明城市、美丽中国典范城市、中国生态魅力城市。

⑤项目解读　该项目将严格按照一年打基础、两年出效益、三年树品牌的战略步骤，最终打造成生态田园、乡村公园、创业乐园、幸福家园，形成可复制、可推广的经验和样板，实现与长株潭、辐射湘赣边的对接。

（2）国家级田园综合体试点项目——衡山县萱洲镇田园综合体

该试点项目区地处湖南省中东部的千年古镇，依托华夏湘江国际农业产业示范园区，全力发挥优质稻、油菜、油茶、桃李、西瓜、香瓜等传统农业资源优势，大力发展精品农业、生态农业、观光农业，推进农产品精深加工和生态、康养产业发展，实现以农业为核心的三大产业深度融合，建设萱草如茵、渔歌唱晚的梦里水乡，稻浪飘香、阡陌花开的假日田园和产业兴盛、富饶美丽的新农村。

（3）省级田园综合体试点项目——郴州市汝城县沙洲田园综合体[55]

①项目简介　该项目规划总面积 1028 公顷，项目区位于湖南省郴州市汝城县沙洲村。

②产业体系及空间布局　项目总体布局包括综合服务中心区、沙洲红色旅游区、沙洲美丽乡村生态休闲区、绿色农业产业区、湖光山色生态区五大功能片区，打造成多元化农业产业链，提升农业经济效益，促进农民致富创业。

③项目投资　预计项目总投资 3.86 亿元。

④产业优势　项目位于汝城县文明瑶族乡中部，是汝城六大旅游区之一。

⑤项目解读　汝城县委、县政府致力于寻求脱贫致富的道路，改变农村落后面貌，积极探索传统农业产业转型升级，创建精准扶贫工作新亮点，在文明

瑶族乡以沙洲村、五一村、快乐村、韩田村和秀水村为规划范围，以突出红色旅游、绿色生态、回归自然为主题，建设集现代农业、休闲旅游和田园社区为一体，观光、休闲、教育、参与等功能全面的田园综合体先行示范区。

（4）省级田园综合体项目试点项目——娄底市新化县紫鹊界田园综合体[56]

新化县水车镇境内的紫鹊界是国家 4A 级景区，新化县委、政府筹资 3.28 亿元，率先开展以"云水紫鹊、心之故乡"为主题的田园综合体试点项目建设。项目以农民专业合作社为载体，通过"企社 + 基地 + 农户"运行机制，构筑"田园 + 农业旅游 + 农村社区服务"体系，集循环农业、创意农业、农事体验于一体，让农民充分参与和受益。项目通过政府投入引导、实力企业带动、农民广泛参与，在打造"紫鹊界"公共品牌的基础上，将构筑创新运营平台、创新投融资平台，建设生态农业创意产业园、品牌农产品研发生产园、美丽乡村农旅综合园区和创客创业孵化园，实现传统农业向创新型农业、传统农户产品向品牌农旅产品、传统农业观光向多功能综合型旅游、传统发展方式向智慧创意循环方式的转型。

广东省

（1）国家级田园综合体试点项目——珠海市斗门区岭南大地田园综合体 ①

①项目简介　该项目位于珠海市斗门生态农业园莲洲片，总面积 1177 公顷。该项目以石龙村岭南大地生态度假区项目为核心，覆盖东湾及下栏村片区，包括正在打造国际乡村生态休闲旅游度假区的石龙村，集岭南乡韵、水乡风貌的花卉主题特色休闲村庄的东湾村，打造具有岭南特色的田园水乡、乡村养生度假基地的下栏村。

②产业体系及空间布局　项目共分 3 期开发，第一期是花田喜地，第二期是岭南水街和农业庄园，第三期是养生度假区。花田喜地项目占地约 600 亩，主要建设内容包括花海特色观光、四季园、农耕文化、农耕体验、自然生态馆、科学体验馆、白鹭岛生态湿地、主题度假区等板块。该项目的落户将加大石龙村的公共配套设施建设，并将自然村三湾村打造成生态良好、生

---

① 资料来源：http://www.sohu.com/a/158199748_657417.2018-09-20.

活富裕、幸福文明的村居典范。

③项目投资 预计项目总投资超过 20 亿元。

④产业优势 珠海斗门生态农业园莲洲片石龙村生态环境良好、地理位置优越，是"艺术 +"部落项目的第一个实践点。

⑤项目解读 项目依托山、水、田等原生态资源，以岭南文化为魂，以旅游富民为本，以农耕文化、农耕体验、科普教育为核心，集休闲农业、文化体验、高科技科普、创意教育、养生度假、农业产业于一体，打造宜农、宜游、宜教、宜乐、宜文、宜居、宜养、宜购的田园综合体。

（2）国家级田园综合体试点项目—— 河源市东源县灯塔盆地田园综合体

该项目地处新丰江库区的东源县双江镇，属灯塔盆地示范区规划范围。项目区山清水秀，林木葱茏，"双江西瓜"更是远近闻名。随着灯塔盆地示范区建设，优质葡萄、百香果等在该镇呈现出规模化发展态势。

广西壮族自治区

（1）国家级田园综合体试点项目——南宁市西乡塘区"美丽南方"田园综合体[57]

①项目简介 该项目规划面积 6957 公顷，其中耕地面积 6.2 万亩。以"美丽南方"为核心，含南宁市西乡塘区金陵镇、石埠街道部分区域，覆盖 10 个行政村，常住人口 56708 人。

②产业体系及空间布局 项目规划区有自治区级现代特色农业示范区 3 个，入驻企业 60 多家，资金主要投入项目建设和产业发展，推进"农业 + 文化 + 旅游 + 养生"新模式新业态，突出当地传统特色农业（水稻、蔬菜、特色花卉等）、水产养殖加工、文旅产业的优势。加强农产品深加工，拉长产业链，建成龟鳖养殖加工生产、葡萄种植及葡萄酒生产、青瓦房民俗风情古村落体验等生态农业、休闲农业、创意农业项目 48 个，占地面积 8000 亩。"美丽南方"田园综合体将按照"一轴两翼三带八区"的总体发展格局打造。"一轴"即沿 005 县道的园区交通和发展为主轴；"两翼"即以 005 县道为界划分为南北两翼，南翼侧重发展创意农业、农事体验、精品农业，北冀重点发展

特色高效农业、生态康养农业;"三带"即以高端、高质、高效为特色的精品农业体验带、以南方秀美田园风光和乡村风貌为特征的生态乡村体验带、以自然山水为特征的自然风光体验带;"八区"即创意农事体验区、智慧农业展示区、高效农业集中区、特色养殖集聚区、加工物流集散区、循环农业示范区、传统村落保护区、生态农业康养区。项目通过 3 年建设,将最终形成集循环农业、创意农业、农事体验于一体的田园综合体。

③项目投资 项目 2017 年获得财政补助资金 5600 万元,计划投入财政资金共计 2.25 亿元。目前,各级财政资金累计投入近 8 亿元,吸引社会资本投入 18 亿元。

④产业优势 项目具有以下四大优势:文化底蕴深厚、区位优势突出、产业特色明显、科技基础扎实。"美丽南方"荣获全国休闲农业与乡村旅游示范点等荣誉称号,核心区忠良村先后荣获中国乡村旅游模范村、中国最美休闲乡村、中国美丽宜居村庄、全国生态文化村等荣誉称号。西乡塘区将以高起点、高水平、高标准把"美丽南方"田园综合体打造成为全国示范窗口和现代特色农业面向中国—东盟的展示交流平台。

⑤项目解读 项目建设主要从 6 个方面着手:完善农业生产体系,打牢创建基础;完善农业产业体系,推进三产融合发展;完善农业经营体系,促进产业增效;完善乡村生态体系,实现绿色发展;完善公共服务体系,补齐服务短板;完善运行管理体系,促进效能提升。"美丽南方"田园综合体以"六大体系"为重点,全力推进田园综合体的建设。

(2)省级田园综合体试点项目——桂林市永福县罗锦镇田园综合体(2018)

该试点项目建设期 3 年,计划投入自治区农业综合开发资金 6750 万元。同时,结合全域旅游开发建设,统筹整合相关资金和撬动金融及社会资本投入。永福县是我国砂糖橘产量第一县,同时是全国首批中国长寿之乡、中国罗汉果之乡、中国民间文化艺术(彩调)之乡,农业基础较强,文化底蕴深厚。目前当地正按照"福寿圣地宜居村镇"的总体定位,以砂糖橘及水稻为主要产业,依托桂林旅游圈建设,积极探索形式丰富、定位不同的田园综合体建设模式。

海南省

（1）国家级田园综合体试点项目——海口市田园综合体^[58, 59]

①项目简介　该项目位于海口市琼山区南部红旗镇和三门坡镇交界处，范围涵盖大荒洋、七水洋2个田洋以及周边29个自然村，规划面积约2.82万亩。

②产业体系及空间布局　项目规划建设格局为"三园一综合体"。

③项目投资　项目3年预计总投资14.97亿元，其中拟争取三级农业综合开发财政资金2.1亿元。

④产业优势　琼山区三门坡镇的菜篮子从大荒洋蔬菜种植基地到七水洋基地沿途周边既有三门坡荔枝、红旗花卉、云龙淮山等本地特色农产品，又有蒙恬大将军文化馆、九龙戏水等丰富的旅游资源，创建田园综合体的产业优势明显。

⑤项目解读　海口申报田园综合体的核心内涵与国家田园综合体"系农为农、实施主体、维持田园风貌、保护农民利益"4个要义相契合，并紧紧围绕以下4点展开：一是进一步研究发展第二产业的必要性，考虑加强与桂林洋国家热带农业公园的对接协调，实现互通有无、优势互补；二是项目面不应铺大，须依托当地优势资源与产业将各组成项目做精做细，先做精品点，再串成线，最终整体形成面，逐步打造一个美丽优质的田园综合体；三是要进一步细化田园风貌的保护和管控，确保保供、稳价与打造美丽田园齐头并进；四是更加注重对农民利益的保护，坚决贯彻落实"三不一就"理念，与农民共享发展成果。

（2）国家级田园综合体试点项目——海南共享农庄（农垦—保国）田园综合体^[60]

①项目简介　该项目位于三亚、乐东交界处，地处保国农场场部南侧，项目范围涵盖1个自然村和7个农场连队，规划面积约2.41万亩。

②产业体系及空间布局　打造椰子文化旅游中心、海南热带水果文化旅游中心、海南海岛文化旅游中心、海南少数民族农事体验文化旅游中心、海南香蕉文化旅游中心、海南杧果文化旅游中心、海南海洋文化文化旅游中心等。

③项目投资　项目近3年预计总投资7.8亿元，其中拟争取三级农业综合开发财政资金2.1亿元。

④产业优势 海南省统筹推进农业供给侧结构性改革、美丽海南百镇千村建设、全域旅游、脱贫攻坚等工作，提出以发展"共享农庄"为抓手，建设田园综合体和美丽乡村。

⑤项目解读 该项目是海南省财政厅重点支持的田园综合体项目之一。该项目以农业为基础，以热带水果为主题，以热带水果加工为延伸，将打造集旅游、休闲、观光、采摘体验于一体的"农庄集群"。项目提出以发展"共享农庄"为抓手建设田园综合体和美丽乡村，是解决农产品滞销和价格波动、美丽乡村建设缺少商业模式和持续运营能力、乡村旅游产品单一和水平较低、贫困户持续稳定脱贫致富、农耕文化传承等问题的有效举措。

重庆市

国家级田园综合体试点项目——忠县三峡橘乡田园综合体[61]

①项目简介 该项目凭借柑橘产业支撑、核心引领等因素成为首批国家级试点项目之一。三峡橘乡位于忠县东部，长江北岸，离忠县县城1800公顷，距国家级4A级景区石宝寨10千米，是长江边上的一个大型孤岛，也是现代著名作家、革命家、书法家马识途先生的故里。项目规划总面积8.3万亩，分两期建设，一期面积3万余亩，二期面积5.2万余亩，涉及新立、双桂、拔山、马灌4个镇。

②产业体系及空间布局 项目构建了"从一粒种子到一杯橙汁"的柑橘产业链，园区采取"公司＋农民专业合作社＋基地＋农户"四位一体的运营模式，实行"统一划片建园，统一灌溉施肥，统一防病治虫，统一技术培训，统一销售服务"五统一的管理模式，力争打造技术含量高、标准化、现代化的柑橘果园基地。

③项目投资 项目计划总投资10.7亿元，建成后年接待游客可达100万人次，实现总产值30亿元，项目区农民人均收入可达3万元以上。

④产业优势 忠县高效推动柑橘"两中心两基地"，预计到2021年，忠县柑橘种植面积将达到40万亩，年产柑橘40万吨，加工30万吨，产值40亿元以上。

⑤项目解读 项目以"中国橘城，三峡橘乡，田园梦乡"定位，以柑橘

全产业链为核心，走柑橘产业经济循环发展之路。以生态文明、绿色发展、多业融合、城乡共生为理念，建设集生产、产业、经营、生态、服务、运营六大体系为一体的"生态旅游 + 高科技柑橘园"特色旅游景点。

四川省

国家级田园综合体试点项目——（成都市）都江堰市天府源田园综合体[62, 63]

①项目简介　该项目区辖蒲江县、都江堰市、广汉市 3 个市（县），项目区域包括都江堰市胥家镇和天马镇的 13 个社区，耕地面积近 3.3 万亩。

②产业体系及空间布局　项目在胥家镇和天马镇的 13 个村（社），围绕"四园三区一中心"功能布局："四园"即红心猕猴桃出口示范园、优质粮油（渔）综合种养示范园、绿色蔬菜示范园、多彩玫瑰双创示范园；"三区"即灌区农耕文化体验区、农产品加工物流区、川西林盘康养区；"一中心"即综合服务中心。目标是将园区建设成为美丽乡村展示区、都市现代农业示范区、农业农村改革先行区和绿色农业典范区。

③项目投资　项目由都江堰市人民政府牵头实施，分 3 年完成，中央财政农发资金 1.5 亿元、省级财政农发资金 6000 万元、成都市级财政农发资金 3000 万元、都江堰市级财政农发资金 6000 万元，整合其他财政资金 33.997 万元，吸引金融和社会资本 146.288 万元。

④产业优势　项目以"山水田园、猕果花香"为规划定位，以粮油蔬菜产业为基础，以红阳猕猴桃为特色，以都江堰深厚的水文化、道文化、农耕文化为支撑，依托都江堰突出的旅游资源优势和生态环境优势，政府搭台、市场化运作，围绕"村庄美、产业兴、农民富、环境优"的总体目标，把项目区建成多彩乡韵的展示区、产业融合的示范区、农村改革的先行区、绿色农业的典范区，在全省发挥田园综合体示范引领作用。

⑤项目解读　该项目是利用农村土地三权分置改革、农村集体资产股份化改革、深化集体林权制度改革等多项改革成果和成功流转土地经营权的成果。充分发挥了资源优势，盘活了 38 户农户的 25 个林盘和 300 亩退耕还林的林木资源，实现资源利用最大化。

云南省

国家级田园综合体试点项目——保山市隆阳区田园综合体[64, 65]

①项目简介 该项目涉及隆阳区河图街道、金鸡乡2个乡镇（街道），11个村（社区）。万亩生态观光农业园区规划面积2.5万亩，按照规划"菜、花、果"种植将达1.2万亩。

②产业体系及空间布局 项目围绕万亩生态观光农业园功能定位，以菜、花、果为产业生产核心，着力打造"滇西花篮·锦苑·花千谷""滇西果篮·万家欢·果山""滇西菜篮·晨农·馋滇菜"的"云花、云果、云菜"三大名片，重点建设"四带三园一核心"。"四带"即花卉产业带、蔬菜产业带、水果产业带、苗木产业带，"三园"即玫瑰产业园、采摘观光园、科技示范园，"一核心"即核心休闲区。此外，还规划了农业休闲观光旅游接待服务设施，一个儿童游乐园、一个农耕文化展示中心、一个养生休闲中心及其他相关配套设施。

③项目投资 目前项目已到位资金11亿元，完成土地流转1.2万余亩，拨付流转资金1.5亿元，其中已兑付1.4亿元，项目概算总投资41亿元。

④产业优势 保山市隆阳区强力推进万亩生态观光农业园，引领区域传统农业向生态观光农业、休闲农业转型，形成四季有景、色彩缤纷的农业观光画卷，打造集农业观光、休闲娱乐、传统文化展示于一体的生态观光农业园。万亩生态观光农业园吸引了多家龙头企业前来考察调研，项目要求入园企业面积达到1000亩以上，每亩投资强度不低于1万元，项目建设立足保山、放眼全国、辐射东南亚，以建成"国家农业新硅谷、滇西农业新引擎"为目标，以"高新农业科技研发"为中心、以"农业生产、展示、观光"为主要功能板块，以"高端农业示范"和"未来农业探索"为主要建设内容，全力打造一个面向全国，集科研、示范、推广、技术交流于一体，技术高度集成、管理模式科学的"园中园"。

⑤项目解读 项目推进有利于打造美丽中心城市，使项目区成为以现代农业、农业文化体验为主的都市农业公园，同时带动金鸡和河图两个乡镇的发展。金鸡乡人多地少，人地矛盾突出，受困于小农经营，一直发展不起来。万亩生态观光农业园的规划，为金鸡乡奠定了今后发展的方向，金鸡乡将依托该项目大力发展现代旅游观光农业。

陕西省

（1）国家级田园综合体试点项目——铜川市耀州区田园综合体[66]

①项目简介　该项目位于耀州区小丘镇，共涉及塬党、乙社、移寨、中塬、坳底、朱村、移村、红岩、小丘9个行政村，规划占地总面积3.5万亩，规划建设期3年。

②产业体系及空间布局　项目规划内容主要围绕农业生产、生活居住、文化景观、休闲聚集和综合服务五大板块，着力打造"一带二心二园五区"："一带"即百果长廊景观带，"二心"即现代农业高科技孵化中心、管理服务中心，"二园"即苹果文化主题公园、台塬风情庄园，"五区"即特色果品标准化种植区、农产品加工物流区、体验农业区（智慧农庄）、田园小镇示范区、渭北民俗文化体验区。

③项目投资　项目总投资21.3亿元。其中，可申请农业综合开发财政专项资金1.8亿元（包括中央财政资金1.2亿元和地方财政配套资金0.6亿元），吸引和撬动项目建设单位自筹及其他社会资本等资金19.5亿元。

④产业优势　预计项目建成后年可实现总产值11.06亿元左右，年利润总额2.7亿元，农民从农业产业中获得收入提高50%，经济效益显著。

⑤项目解读　通过构建农田林网体系，采用多样化的种植模式，积极推广绿色种植，促进项目区内外生态文明建设，有力推动项目区加快实现产业升级、主体培育、就业增收和技术扩散，实现"田园变花园、园区变景区、农事变乐事"的转变。

（2）国家级田园综合体试点项目——汉中市洋县"魅力龙亭"田园综合体[67, 68]

①项目简介　该项目位于陕西省汉中市洋县龙亭镇，范围1.46万余亩。规划用地包括龙亭镇所属的镇江村、杨湾村、龙亭村及周边区域。项目整体规划为5个功能区分别为：有机水稻种植区、有机蔬菜种植区、猕猴桃种植区、生态保育区、乡村风貌展示区。建设内容包括水土资源开发及生态环境保护工程、农村田园改造工程、新建产业提升设施工程、农田综合治理4部分。

②产业体系及空间布局　洋县凭借丰富的资源优势提出生态立县和旅游活县的战略，大力发展现代农业、生态农业，以发展有机农业产业和绿色农产品加工业为重点，全面推进产业不断升级，强抓有机产业园区建设，先后投资 1.86 亿元，建设了总面积 1.8 万亩的现代生态农业示范园区。现代生态农业示范园区以菜、果、药等有区域特色的支柱产业为重点，全面应用有机、绿色的标准化技术，推广"畜、沼、果（菜、粮）"的生态循环模式，已初步建成 2 个千亩设施蔬菜有机种植基地、3 个万头养猪场、1 个 10 万只养鸡场、1 个果蔬气调库等，园区引进多家涉农龙头企业入驻建设，预计投产运行实现农业总产值可达 33 亿元。

③项目投资　本项目总投资 6.68 亿元，其中建设投资 6.31 亿元，流动资金 3675 万元。本项目资金筹措以陕西省水务集团为主，国家农业综合开发财政资金和农民专业合作社及农村个人为辅。

④产业优势　洋县积极将农业与生态旅游结合，将支柱产业、有机产业等融入旅游产业，形成了长青华阳原生态农业旅游、朱鹮湖风景区、朱鹮梨园有机农业观光园等富有地域特色的生态旅游园区。不断加快一村一品、一镇一业建设，鼓励支持企业、个人依托农业资源等优势特色开发休闲农业，创办休闲农业产业园、示范园、休闲农庄和休闲农家，全县已建成各类休闲农家 160 多户。目前以生态观光、休闲度假旅游为主要内容的生态观光旅游已成为该县旅游的新亮点，呈现出健康、快速发展的良好势头。

⑤项目解读　汉中市洋县依托丰富的生态资源，坚持保护与发展并重，将发展有机、低碳、循环经济作为产业化发展的命脉，加大有机产业园区建设力度，有力地促进了洋县农业现代化的发展步伐。

（3）省级田园综合体试点项目——渭南市临渭区"贤乡紫韵"田园综合体 [69, 70]

渭南市临渭区以建设"农民生活的幸福家园、市民向往的休闲乐园"为目标，按照"干净、美丽、富裕"的梯度发展思路，采取抓点示范、样板带动、全域推进的方法建设美丽乡村。同时，以四大园区为核心，采取"旅游+"模式，深度融合三大产业，助推休闲旅游发展。

甘肃省

国家级田园综合体试点项目——兰州市榆中县李家庄田园综合体[71]

①项目简介 榆中县是甘肃省会兰州市下辖县，位于甘肃省中部、兰州市东郊，总人口42.4万人，总面积近500万亩，耕地106万亩，其中有效灌溉面积29.14万亩。项目占地8620亩，突出中心、扩大覆盖、辐射全县，中远期辐射总面积达2.56万亩。李家庄村是省会兰州的东大门，距兰州市35千米，位于兰州市1小时经济圈范围内。

②产业体系及空间布局 项目的总体布局为"1+3+2+X"。"1"是指1个核心园区，即城关镇李家庄田园综合体；"3"是指3个示范带动园区，即三角城乡康源现代都市农业体验园田园综合体、三角城乡县级农业示范园田园综合体、兰州榆中梦泰农庄园田园综合体；"2"是指2个辐射园区，即青城镇魏家坪省级现代农业示范园田园综合体、和平镇牡丹园风情小镇田园综合体；"X"是指未来择机启动X个示范点建设。

榆中县规划在未来3~5年间全县田园综合体的实施项目村和点要达10~15个，分片区带动，确保一期"1+3"田园综合体总面积达2万亩。以李家庄田园综合体为主重点发展云科技模式，突出花海和餐饮，康源体验园以采摘和农家乐为主，詹家营农业示范园以循环农业和创意农业为主，梦泰农庄园以农业科技实验示范和观赏体验为主，青城魏家坪示范园以古镇旅游和水面娱乐为主。李家庄田园综合体项目包括4个子项目，分别是智慧农业生产区、经济林建设项目、亲子体验开心农场项目和生态养殖项目。

③项目投资 项目总投资9亿多元。

④产业优势 榆中县是西北地区重要的高原夏菜基地和最大的蔬菜交易集散中心，全县高原夏菜面积39.8万亩，有国家级蔬菜标准园6个，省级标准园14个。李家庄田园综合体将按照烂漫花海区、李家庄小镇、生态田园区、养生养老区、田园野趣区、亲子体验区、生态养殖区、榆兴农庄体验区、智慧农业生产区九大功能区域规划布局，带动城关镇分豁岔村、上蒲家村、朱家湾村等毗邻的3村共同发展致富。

⑤项目解读 李家庄田园综合体从3个方面进行资源要素整合：一是整合劳动力资源，村集体建设了11座温室大棚，并成立了手工编织合作社，吸

收当地妇女就近参加编织、采摘及管理等工作；二是整合土地资源，村里通过规划，创新土地流转机制，让农民将自己的土地以股份形式参与专业合作社生产经营；三是整合宅基地资源，对全村建设用地进行整合，实施整村搬迁，803 户村民全部搬进李家庄社区，实现村民变居民。同时，将整合得到的200 亩建设用地作为村集体资产，通过引进社会资本，进行商业化开发。村集体占 15% 的股份，803 户村民占 85% 的股份，待取得经济效益后按股份分红。发展模式为"设施农业 + 农民专业合作社 + 土地入股 + 区域品牌带动"。

5.2 国外田园综合体发展经验借鉴解读

2017年中央一号文件发布田园综合体的概念后，不少专家认为这是加快农业供给侧改革，实现乡村现代化和新型城镇化联动发展的新模式。田园综合体并非一个全新的概念，在世界各地已有成功先例。田园综合体模式集生产、生活、生态于一体，在经营上结合了农业产销和休闲服务等，并具有经济、社会、教育、环保、游憩、文化传承等多方面的功能。各国根据自身不同情况，衍生出不同的特色和形态。本节主要研究西方国家美国、德国、意大利、法国以及我国邻国韩国和日本的发展模式。

美国

（1）总体特征

市民农园是美国独具特色的田园综合体模式，顾名思义是市民参与农园生产生活的产物，通过农场与社区互助的组织形式，使城镇市民与农园农民共同分担农场经营成本、共担风险和共享赢利，农园为市民提供安全、新鲜、高品质且低于市场零售价格的农产品，市民为农园搭建稳定的销售渠道，双方互惠互利、实现共赢。市民农园在农产品生产与消费之间架起一座桥梁，同时解决农产品直达市民餐桌和农园产品销售保障与资金短缺问题。农园同时建有休闲娱乐与农事体验场所，供市民和外来游客进行游乐活动，将农业、居住、休闲体验融合发展[72]。

（2）典型案例——美国 Fresno 农业旅游区

①概况　美国 Fresno 农业旅游区[73]由 Fresno 城市东南部的农业生产区和休闲观光农业区构成，区内有美国重要的葡萄种植园和葡萄产业基地，并建有广受都市家庭喜爱的赏花径、水果集市、薰衣草种植园等赏玩项目。采取"综合服务镇 + 农业特色镇 + 主题游线"的立体架构。其中，综合服务镇交通区位优势突出，商业配套完善；农业特色镇打造优势农业的规模化种植平台，产旅销相互促进；主题游线重要景点类型全面，功能各有侧重。

②发展模式　Fresno 农业旅游区依托其种植资源特色，发展葡萄种植园和产业基地，其发展经营模式为"农业生产 + 产品销售 + 综合服务 + 生态度假 + 农事体验 + 节庆活动"。

（3）典型案例——美国都乐菠萝种植园

①概况　美国都乐菠萝种植园位于欧胡岛中部，分为 8 个区块，种植不同品种的菠萝。种植园内设有热带植物园、都乐植物园商店、观光小火车和世界上最大的园林植物迷宫。游客可参观欧胡岛种植的多种常见水果，了解关于菠萝的各种知识，品尝种类丰富的菠萝类副食品，幸运时可能还会遇上到访的夏威夷乐队表演。2018 年春节前后由爱奇艺首推引起网络热播的电视剧《谈判官》某集，男、女主人公在都乐菠萝种植园酣畅淋漓游玩度假的场景，实为该剧外景摄制的一大亮点。

②发展模式　"菠萝产业 + 科普教育 + 休闲旅游 + 表演活动 + 礼品商品加工 + 游戏体验"。

（4）经验借鉴

①通过搭建农产品与消费者之间的桥梁，同时解决农产品直达市民餐桌与农园销售和资金短缺的问题。

②将产地资源优势发挥到极致，围绕单一特色品种深挖并开发其潜能，集地域游览、植物观赏、科普、游戏、表演活动、饮食文化等于同一园区，做足体验，其开发创意非常值得借鉴。

德国

（1）总体特征

德国主要有3种休闲农业类型与我国的田园综合体模式类似，即度假农场、乡村博物馆与市民农园。其中，市民农园较有代表性，其主旨是为市民提供体验农事生活的场所与机会，使久居都市的市民能够便利地体验和享受田园生活之乐。

（2）典型案例——德国草莓帝国——卡尔体验农庄

①概况　卡尔体验农庄[74]是在20世纪后期东西德统一后，德国本土农场受到剧烈冲击濒临破产倒闭时，农场主卡尔急中生智双管齐下施行自救后绝处逢生的发展产物。其发展历程主要包括以下5个阶段。

第一，直销+新建农场。卡尔制造了15个草莓型的售卖车实现快速直销，同时在东德建设新的浆果及水果园，降低农场生产成本。

第二，组建本地农产品商业链。利用名声大振的草莓车销售除草莓外的各类收购产品，逐渐形成一条自有的本地农产品商业链。

第三，开设农产品超市。除了在草莓车上售卖产品，还建立了近60家农产品超市，销售产品涵盖了家庭日用农产品的方方面面。

第四，明确"体验农庄"新思路。在草莓农庄80年庆典之际，发展主要面向儿童的"体验农庄"，陆续上线了以草莓为核心的农产品采摘、果酱制作、甜点烹调乃至糖果、巧克力生产等40多个项目，卡尔体验农庄逐渐成为当地最火热的周末旅游目的地。

第五，快速扩张。此后开设多处新卡尔体验农场，各农场特征类似又各有特色，每一处体验设施都成了所在地区的热门休闲度假目的地，自此成功打造了草莓帝国。

②发展模式　卡尔体验农庄具有清晰的发展模式路径，每个农庄都由种植、生产、销售、游乐、餐饮5个基本板块构成。草莓园代表种植板块、果酱与糖果工厂代表生产板块、农产品超市代表销售板块且是农庄的核心，这3个板块组成了农庄的基本产业链。游乐与餐饮是农庄的拓展板块，也是各农庄间差异最大的板块，根据游客需求与地区特色构建其独特的风貌和经营方式。这两个板块的占地规模与涵盖项目随着企业扩张逐步增加，而其他三大

基本板块的占地则在农庄建设初期就基本固定了。卡尔体验农庄除游乐板块的其余四大板块对游客均是免费开放的，农产品超市和农庄餐厅的高收益可以保证农庄盈利，草莓园与果酱工厂的多项参观体验活动确保了农庄的整体客流量。这种经营模式成就了草莓帝国的高额赢利（图 5-2）。

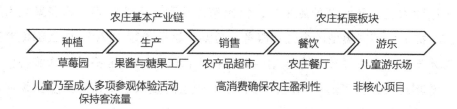

农庄基本产业链　　　　　　　　　农庄拓展板块

| 种植 | 生产 | 销售 | 餐饮 | 游乐 |

草莓园　　果酱与糖果工厂　　农产品超市　　农庄餐厅　　儿童游乐场

儿童乃至成人多项参观体验活动　　高消费确保农庄盈利性　　非核心项目
保持客流量

图 5-2　卡尔体验农庄发展模式图

（3）经验借鉴

①从生产一种好产品建立出一个强终端，逐步构建一条经济产业链，借助展示窗，最终打造成一个优势品牌。

②卡尔体验农庄多次凭借创新性思维出奇制胜，例如，利用草莓车直销和跨区开办新农场降低生产成本，金点子和必要的跨区投资值得借鉴。

③客户至上的贴心服务是卡尔体验农庄保持客户黏度的法宝，大量休闲娱乐活动采取免费形式，是对客户持续消费的回馈，胜过千万广告的作用。

④卡尔体验农庄在充分满足市民享受田园之乐，休闲度假与度假地接受科普教育、学习博物知识的多种需求的同时，为市民和游客解决了餐饮与日常的农产品乃至日用品消费品牌选择难题。卡尔体验农庄品牌铸造方式值得借鉴。

意大利

（1）总体特征

农业旅游区成为意大利的田园综合体特色模式。管理者们利用意大利乡村特有的丰富自然资源，将乡村变成具有教育、游憩、文化等多种功能的生活空间，这种绿色农业旅游的经营类型多种多样，使得乡村成为一个寓教于农的生态教育农业园，市民和游客既可以从事现代健身运动，又可以体验原始农耕生活，甚至还可以亲自狩猎或制作陶瓷器具等。

（2）典型案例——意大利绿色农业旅游

①概况　意大利现有1.15万家专门从事绿色农业旅游[75-77]的管理企业，所管辖的景区主要分布在中部的托斯卡纳、翁布里亚、马尔凯大区，南部的坎帕尼亚大区以及北部的威尼托、特伦蒂诺和利古里亚大区。这些景区为不同游客提供了不同类型的个性化服务。目前，这些景区中70%以上都配有运动与休闲器械，供喜欢健身运动的游客使用；55%的景区提供翻译服务，为外国游客解决语言不通的问题；50%以上的景区提供包括领养家庭宠物在内的多种服务项目。

②发展模式　"农业＋健身运动＋自然环境资源＋农耕文化体验＋传统农业技能体验＋……"。

（3）经验借鉴

①意大利人热爱绿色农业旅游，与该国政府重视环保和注重发展生态农业密切相关。特别是近几年来，意大利的生态农业发展迅速，生态农业耕地面积不断扩大。

②在自然生态环境资源优良的地域，意大利发展健身运动的思路值得借鉴，可在生态环境优良的地区开发运动赛事。例如，环湖自行车拉力赛、徒步、自行车旅游、滑雪、游泳、登山，甚至植树造林等。

法国

（1）总体特征

专业化经营的农场是法国农业旅游发展的主要特色，这些法国的农场类型多样，主要包括：客栈农场、点心农场、农产品农场、骑马农场、教学农场、探索农场、狩猎农场、暂住农场以及露营农场。

（2）典型案例——普罗旺斯的薰衣草特色农场

①概况　地中海沿岸的普罗旺斯是法国最美丽的乡村度假胜地，当地充足灿烂的阳光最适宜薰衣草的生长，特色植物薰衣草已成为普罗旺斯的代名

词，不仅吸引了世界各地的游客前来欣赏花海，也带动了一系列薰衣草产品的开发与销售。除此之外，普罗旺斯的特色食品——橄榄油、葡萄酒、松露也享誉世界。再加上持续不断的旅游节庆活动，为普罗旺斯营造出浓厚的节日氛围和艺术气息。

②发展模式 "花海观光旅游＋薰衣草系列产品开发销售＋旅游节日节庆活动＋文化艺术类会展活动＋……""采摘水果＋参观葡萄酒制作工艺＋主题景观与产业＋生态"，葡萄酒行业协会、酒庄等各种经营主体并存，其融合发展模式主要为"种养结合＋技术资本服务"[78, 79]。

（3）经验借鉴

①法国休闲农业的发展受益于多个非政府组织机构的联合，即各行业协会在政府的政策指导下制定相关的行业规范和质量标准，推动以农场经营为主的休闲农业快速发展。

②普罗旺斯的薰衣草成为这一地区休闲农业发展的名片，围绕薰衣草展开的丰富多彩的节庆活动吸引了世界各地的游客，带动该地区其他特色农产品行业的协同发展。

③普罗旺斯的名气＋地区行业协会的协同发展，启发我国田园综合体发展中利用产地产品优势吸引客流，有组织地充分开发其商业价值，例如洛阳的牡丹。

韩国

（1）总体特征

韩国休闲农业的经典形式为周末农场和观光农园。乡村旅游业的发展注重资源整合，将海滩、山泉、小溪、瓜果、民俗都列为乡村游的主题；注重开发创意项目，深度挖掘农村的传统文化和民俗历史等，并使其商品化；注重政策支持、资金扶持以及对乡村旅游业的严格管理[80]。

（2）典型案例——韩国江原道旌善郡大酱村

①概况 江原道旌善郡大酱村[81, 82]由僧侣与大提琴家共同经营，利用当地原生材料，采用韩国传统手艺制作养生食品的方式制造大酱，既符合现

代人的养生观念，又可以让游客体验大酱村的原生态生活，传承民俗文化。此外，以3000个大酱缸为背景的大提琴演奏会、绿茶冥想、赤脚漫步树林及品尝大酱拌饭等就地取材的体验项目，在体现浓郁地域特色的同时迎合了养生市场的需求，成功吸引了大量客源。

②发展模式　"传统的大酱制造手艺+养生文化+民俗文化+大提琴演奏会+东方文化活动+大酱拌饭"。

（3）经验借鉴

①大酱村以"奇"为突破口，僧侣与大提琴演奏家共同经营是创意的奇思；开展3000个大酱缸为背景的大提琴演奏会，是实践的奇特。

②以韩国泡菜、大酱拌饭为核心，突出了乡村旅游的乡土气息。

③配合精心营造的传统文化氛围，听觉、味觉打开的同时开发了赤脚漫步树林的触觉体验活动。

④大酱村的氛围营造和多感觉系统体验的奇思妙想创意新颖，值得借鉴。

日本

（1）总体特征

日本政府积极倡导和扶持绿色观光农业，在法律法规和财政预算上都给予了有力支持。既制定了科学的绿色观光农业经济发展规划、重视民间组织保护，又适时进行财政支持。在绿色观光农业开发中，日本注重环境保护和当地居民的主体性，尊重当地居民和地方特性，不过度关注经济利益，不断拓展绿色观光农业的内涵，在观光农园、民俗农园和教育农园等方面持续创新。

（2）典型案例——日本小岩井农场Makiba园

①概况　小岩井农场是日本最具代表性的民营农场，整体规模2600公顷。游客在每个季节都可以欣赏到日本不同的风景，并参加丰富的农园活动。农场平均每年接待游客120万人次，经济收入可观。

小岩井农场是以体验为核心开发休闲产品的园区，将农场生产生活与游客的体验结合，使游客的体验直观化、趣味化、融入化。作为畜牧型农场，小岩井农场的资源并不丰富，主要是放牧、饲养项目，丰富多彩的体验项目通过深思创意、挖掘，仅从放牧的羊出发，就开发出羊羔出生、剪羊毛、牧羊犬和绵羊的表演等体验项目。此外，农场还开设了手工纺织 DIY、编织、人偶、贴画农场、水边的源氏萤火虫观察会、银河农场之夜、月光的随身听、草坪圆墩涂鸦、骑马射箭、挤牛奶、动物主题运动、水上亲子活动、万圣南瓜节、科普研讨会、音乐会、自助美食等一系列体验项目。

②发展模式　从"多产业发展＋多功能拓展"衍生出"创意农业活动＋乡村旅游（体验、餐饮、购物）＋对外服务＋……"（图 5-3）[①]。

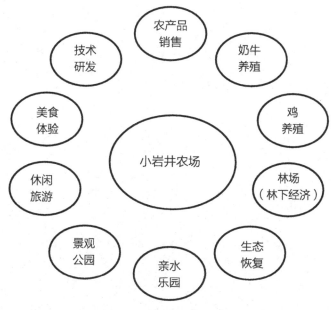

图 5-3　小岩井农场发展模式图

（3）经验借鉴

①日本绿色观光农业有完善的制度保障机制和政府激励措施，能充分发挥民间组织（NPO 等）的参与促进作用，生产手段逐渐自动化、设施化、智能化，生产经营管理趋于网络化。

②小岩井农场经营模式的丰富性和多样化反映出日本民族匠人精神的特质。在一件事上钻研、精益求精，是我国田园综合体发展中可借鉴的精髓，

---

① 资料来源：http://www.docin.com/p-1164587428.html.2018-09-20.

不怕没有奇思妙想，就怕没有思考推敲的精神。

③日本政府尊重当地居民的生活习惯与发展意愿，不过度关注经济利益反而使当地居民得以发挥地域资源潜质，深耕挖掘民俗文化特色，从而创造了小岩井农场的效益神话。

5.3 国内田园综合体发展启示借鉴解读

田园综合体的概念脱胎于新型农村综合体、农业综合体、农业休闲综合体等，在国家正式确认这种发展模式之前，很多地方已经开始了实践，并且取得了良好的效果。这些实践虽不属于国家级或省级建设试点范围，但其积累的经验使得田园综合体获得了更广泛的关注和认可。本节主要介绍浙江嵊州绿城现代农业综合体、无锡阳山"东方田园"田园综合体、台湾多个案例等具有一定规模和影响力的田园综合体的发展模式。

浙江嵊州绿城现代农业综合体

（1）基本概况

绿城现代农业综合体[83]是浙江省嵊州市政府、绿城集团现代农业公司、浙江省农科院集政府、企业、科技三方创新合作的成果。2012 年 7 月 27 日，嵊州现代农业《发展战略合作协议》正式签订，决定在甘霖、崇仁建立现代农业综合体。2012 年 11 月 14 日，项目正式奠基。浙江省农科院发挥专业技术和科研资源等优势，负责综合体建设规划、科技支撑、院士工作站、生产标准化等工作，并做好与区域城乡统筹发展规划、农村产业布局调整、新农村建设等规划的衔接融合；绿城集团提供雄厚的资金投入以及现代企业化管理运作；嵊州市政府在土地流转、基础设施、政策保障等方面提供全面服务和保障，致力于将嵊州现代农业项目打造成国际知名、国内一流的综合性园区。项目总投资 20 多亿元，总占地面积 1.3 万亩，辐射面积 4 万亩。

（2）发展思路

该项目以无公害标准种植养殖果品、蔬菜、水稻、油菜、茶叶、水产、畜禽等为主。项目分3个阶段实施：第一阶段，用3~5年时间将项目区打造成为国内一流的集农业科研、生产、加工、销售于一体的高技术农业综合示范基地；第二阶段，用5~7年将项目区进一步打造成涵盖观光旅游、乡村休闲度假的创新型、高技术引领的农业综合体；第三阶段，用7~10年将项目区提升为具有全球影响力的农业论坛永久性会址。

绿城现代农业综合体集科研、示范、生产、实践、推广、培训六大功能于一体，是农业科研实践基地、农业生产示范基地、现代农业培训中心、农产品深加工实验区、种业实验区和物流配送先行实践区，充分体现了科技研发与运用、产业推广、辐射带动、公共服务等要素和功能。

（3）启示借鉴

绿城现代农业综合体运用企业化的运作管理模式，解放科技生产力，激发科技人员的工作积极性，使园区的执行效率、展示效果、运行效益不断增强。其开发的"蓝宴宅配"服务目前主要为社区客户提供配送，通过电商平台、社区平台等渠道，将优质农产品快速高效、保质保量地送到成千上万户家庭。

无锡阳山"田园东方"田园综合体

（1）基本概况

位于无锡市阳山镇的"田园东方"[84]是国内首个展示农村休闲生活的田园综合体项目，是集现代农业、休闲旅游、田园社区为一体的特色小镇。阳山"田园东方"项目总投资50亿元，规划总面积6246亩，现已开发300亩。2016年9月，中央农办领导考察指导该项目时，对该模式给予了高度认可。

（2）发展思路

无锡阳山镇境内良田阡陌，桑绿桃红，土壤肥沃，尤其适合水蜜桃种植。水蜜桃种植已是阳山镇主导农业产业。本项目打破传统社区开发模式，提出了"九里桃店"的核心理念。将桃文化及农耕文化孕育于场地之中。强化社区参与性及环境互融性，为社区居民提供归园田居世外桃源般的生活方式。"田园东方"项目包含现代农业、休闲文旅、田园社区三大板块，主要划分为乡村旅游主力项目集群、田园主题乐园（兼华德福教育基地）、健康养生建筑群、农业产业项目集群、田园小镇群、主题酒店及文化博览6个小板块。结合当地农业产业链的特色与优势资源，致力于发展成为立足无锡、辐射长三角乃至更大范围的自驾游、婚庆主题、儿童体验教育、休闲旅游的首选地。

（3）启示借鉴

"田园东方"项目是以建设美丽乡村的大环境为背景，贯通生态与环保理念，以田园生活为核心目标，将企业与地方发展融为一体，采取"现代农业＋休闲旅游＋田园居住"的模式。利用市场化运作机制，发挥市场作用，让城市富集资本更多投入农村，使城乡间的各产业要素流动起来，实现城市和农村的互动融合。项目选址于曾经的拾房村旧址，设计者先期对村庄历史做了深入调研，并选取10座老房子给予修缮和保护，对村庄内的池塘、原生树木做了必要的保留，在最大程度上保持村庄的自然形态，以确保人们能够见到最原汁原味的田园风光。设计者尊重场地的基底条件，延续基地水陆交错、临河而居、田地包绕的田园特征。将农田及种植、水域及灌溉、池塘及养殖、村庄及居住、道路及交通五大部分田园基底要素，与未来发展需要的乡村空间、田园小镇空间、有机高效农业生产展示空间的布局相结合，探索城市的经济要素、文化要素向"乡村"空间渗透的田园空间发展方案。

台湾模式

（1）基本概况

休闲农业是台湾农业重要的组成部分，起步于20世纪60年代，经历了40多年的发展，休闲农业已经在台湾遍地开花，成为台湾发展前景良好的新型产业之一，形成了规范化、标准化、国际化的发展方向，为台湾农业的转型升级起到了积极的推动作用。截止到2016年10月，台湾地区共有休闲农业区78个，休闲农场321家，民宿6802家，拥有客房27518间，经营人数达7779人。2014年接待游客1200万人次，创造了65亿新台币产值[85]。

（2）发展思路

台湾休闲农业利用农业及农村丰富的自然资源，发展集生产、生活、生态于一体的"三生"农业，进行立体式开发，将乡村变成具有教育、游憩、文化等多种功能的生活空间，满足现代人对休闲生活日益扩大的需求。

①通过划定休闲农业区，整合资源发展观光产业，带动乡村发展，同时注重休闲农业资源的深度挖掘，按照自然资源、景观资源、产业资源、文化资源和人的资源分5类有针对性地开发，发挥地方特色，形成多样化、精致化与独特性的休闲农场。

②非常重视环境生态保育教育和生态农业基础设施建设，并充分与地方农村文化结合。

③建立了比较完善的农业社会化服务体系，为农业生产者提供产前、产中、产后系列化服务，包括信贷、运销、科技推广、加工贮藏等，还建立了集产地、批发、零售一条龙的农产品三级运销市场，实现产、加、销一体化发展，促进了休闲农业经营者管理水平的提高与产品销售的扩大。

④休闲活动设计多样化，以"独特性"和"顾客感到的价值"作为判断指标，结合农场资源发展出各具特色的精品休闲农业产品。

⑤通过台湾休闲农业协会发起农场服务品质认证制度，起到了提升台湾休闲农场服务品质、建立台湾休闲农场品牌形象和为游客去农场旅游提供出行参考的作用，保障了台湾休闲农业发展的规范性。

（3）启示借鉴

台湾休闲农业发展较早、特色显著，对田园综合体的借鉴意义很大。

①在资源开发上因地制宜，主题鲜明，特色发展，不盲目攀比，也不贪大求洋，与地方自然资源紧密结合，有一个明确的主导产业，兼业经营观光体验、餐饮住宿等。

②在发展休闲农业的过程中保护好生态环境和本地特色文化，开展生态教育、季节性庆典活动、神话故事传说、表演艺术、民间艺术和传统手工艺、食品制作等活动，体现俭朴的传统文化特色和田园风光。

③有制度保障和科学规划，台湾城乡融合建立健全了农业、工业、服务业同步发展、一体化运行机制，有关部门出台了行业规划，加以引导，保障休闲农业的健康持续发展。

④在运营理念上，台湾休闲农业成功的一个重要原因就是情景消费，当地居民因地制宜创造了大量的奇观、风景和休闲体验主题，并注重项目定位、强调特色，除体验经济理念外，还提出分享经济理念，即休闲农业经营者与游客共同分享乡村生活，变"消费者为上帝"为"与客人成为志同道合的朋友"。

⑤台湾的分享型经济模式在经营上结合了农业产销、技工和休闲服务三级产业，做到生产、生活与生态三位一体，具有经济、社会、教育、环保、游憩和文化传承多方面功能。

以下通过池上米乡休闲农业区（图5-4）、中山休闲农业区和台湾金勇DIY休闲农场3个典型案例，展示台湾休闲农业模式。

池上米乡休闲农业区

概况：该农业区位于台湾省花莲县池上乡，主要的经营方式包括休闲农场、乡村民宿、观光农园、教育农园、休闲牧场等，充分利用现代化信息手段，注重有形产品和无形产品的结合，除实物产品外，还有奇观、风景和主题体验等情景消费类产品，有效地拓展了产业链，实现了观光、住宿、餐饮、娱乐、体验的综合发展。该农业区拥有池上桑蚕休闲农场、稻米原乡馆、池上有机米专业区、油菜花季等丰富的农业休闲资源。区内另有独特的农场生活体验活动，如特殊的平面茧的生产、台东池上民宿等，充分挖掘了当地的优势资源，发挥出其农业资源特有的生物性、季节性和实用性。

特色：农业区内的池上大坡池风景区是花东纵谷平原主要的湿地，不仅是鱼虾繁衍、鸟类聚集的水鸟伊甸园，还兼具人文特色，将生产、生活、生态融合地区产业与观光资源，构建绿色优质休闲产业，带动周边地区商业活动，推动自然生态保育和复育，促进城乡交流，维护自然环境，提供生态旅游。农业区的健康养生活动包括体验牧场生活、参观米食文化，池上米乡为游客提供了暂时脱离外界束缚的"第三空间"，通过提供新鲜空气、洁净水源、健康蔬果、养生餐饮、体验教学及健身运动，并营造和善而富有人情味的氛围，创建利于游客身心健康的休闲空间。

运营：池上米乡运用现代化的经营管理方法，在营销管理、财务管理、人力资源管理、策略联盟、餐饮管理、住宿管理等方面都进行了数字化运营，利用现代信息手段建设企业网站，采取网络销售，方便游客查询和消费，扩大了客源市场。同时，池上米乡在运营过程中十分重视企业间的分工合作和

图 5-4　台湾池上米乡休闲农业区

地区间的统筹协作，已有相当一部分休闲农业体实现了企业化或是不同服务领域的分工，达到了观光、住宿、餐饮、娱乐与体验的结合。

启示：既将农场生态环境和文化生活相结合，又保有农村的原始自然风味和农场特点，如介绍民风民俗、农业知识等具有乡土气息的体验活动，使游客充分享受到田园生活的乐趣。创新性地打造了分享型的农业经营新形态，综合利用当地资源推进农业产业转型，由农业延伸至工业、商业、服务业，使农场迅速向城镇化迈进。创新经营管理，利用现代信息手段，采用企业化或不同服务领域的分工合作方式，实现观光、休闲、体验、教育、住宿、餐饮和娱乐的综合发展，产品经营多样化，提升产业定位、完善产业政策、建设创意高地、打造主题精品，推进跨界融合。

中山休闲农业区

概况：该农业区位于台湾省宜兰县冬山乡，经营项目包含餐厅、休闲农场、观光果园、民宿、特色餐饮、茶园体验等，共有35家观光相关从业者，以柚香、茶香为基调，发展出不同的特色，如观赏柚花、喝柚花茶、柚子入菜、采茶、制茶、茶月饼DIY、黄金蛋DIY、生态导览等。

运营：中山休闲农业区发展协会是由17家农户采取抱团模式成立的，集体选举总干事、理事、组长等职位，作为完全独立的农民合作组织，协会运行具有很强的自主性，不受政府限制，既可以在税收、政策、金融等方面为农民争取利益，又是政令的传递者，在官民关系中扮演着"减震器"的作用。

启示：整个休闲农业区的经营理念是资源共享。从业者除积极开发特色产品外，还将当地的自然、人文景观的景点和特色小店一并进行规划，并设立咨询站为游客提供查询服务。

台湾金勇DIY休闲农场

概况：该农场位于台湾省新竹县关西镇，是一个番茄主题农场，通过引进来自世界各国多种不同形状、颜色、营养价值的番茄，种植彩椒、草莓、花卉等特色农产品，开展采摘、DIY彩绘等农业休闲活动，将农业生产、生活、生态有机结合，使农业转向企业化、科技化、自动化、精致化、多元化。

运营：该农场采取家庭经营模式，由金勇夫妇共同经营，运营内容包括生产、加工特色农产品，休闲体验、创意活动、美食体验等。

启示：突出番茄主题，引进世界各国特色番茄品种，从色泽、口感、营养方面进行区分，让游客不出台湾便可品尝世界各国口味的番茄。注重特色产品的研发，开发来自各国的番茄组合，形成了"联合国番茄礼盒"，使游客能够在一个礼盒中品尝各国番茄的口感。

江西南昌田园综合体

（1）基本概况

江西南昌规划在城市外环线、主干道沿线及南昌绿谷布局建设 17 个田园综合体[86, 87]。其中，东外环沿线建设市政公用生态园、江西新汉光农业科技园、工业控股菜篮子现代设施农业园、五星垦殖场 4 个田园综合体。南外环沿线建设凤凰沟、印智航天农业产业园、钟陵南昌硒谷、西湖李家 4 个田园综合体。西外环沿线建设溪霞国家农业开发示范园、蓝泥湾、先锋软件园、九龙溪、南京巴布洛云厨小镇及南昌菜园、博能价值养老小镇、千年古村群 7 个田园综合体。北外环沿线建设地铁集团现代农业园、安义绿能 2 个田园综合体。

（2）发展思路

到 2020 年，南昌市一批田园综合体年产值将达到 100 亿元以上，各单元田园综合体建设规模不低于 3000 亩。各田园综合体力争在 2018 年底全面完成总体规划和单项规划编制工作，项目建设全面启动；2019 年底基本形成；2020 年底基本建成全省一流田园综合体。江西田园综合体的性质定位是城乡融合发展的新支点、新引擎，农业供给侧结构性改革的新突破口，"整洁美丽、和谐宜居"新农村建设的新样本，农民脱贫增收的新模式。

（3）启示借鉴

南昌市大力发展都市观光农业，按照农业嘉年华的理念，深入挖掘农业的文化传承、生态休闲、健康养生、科普教育等功能，大力推进发展民宿经济和休闲观光农业，打造一批集生活、生产和生态于一体的乡村田园综合体；积极发展"互联网＋农业"等新产业新业态，通过引进智慧农业项目，促进互联网、物联网、大数据、云计算等先进信息技术与现代农业相融合；在省级以上现代农业示范区大力推进综合性电商平台建设，对接整合各种资源和平台，通过淘宝店、邮乐网和供销 e 家等形式，深入推进农业电子商务建设，形成线上线下融合、农产品进城和农资、消费品下乡的双向流通格局。

甘肃泾川七彩凤凰田园综合体

（1）基本概况

七彩凤凰田园综合体[88]由甘肃锦绣凤凰文化旅游发展有限公司投资建设，是泾川县兰洽会签约的重要招商引资项目，位于古丝绸之路重镇——平凉市泾川县城关镇。规划总占地面积 1000 亩，总投资 1.5 亿元，分两期建成。该地域农业资源丰富、文化底蕴深厚、乡土元素独特、生态环境优美、区位优势明显，是天然的田园养生、休闲度假圣地，开发潜力巨大。

（2）发展思路

该项目凭借平凉市泾川县独有的旅游资源（5A 级崆峒山景区、4A 级大云寺景区、4A 级王母宫景区、4A 级龙泉寺景区、4A 级田家沟景区、南石窟景区）和地域优势，顺应国家建设田园综合体的总体思路开发建设。

（3）启示借鉴

该项目是集文化旅游、花卉观赏、儿童游乐、窑洞民俗体验、特色餐饮、田园养生、非物质文化遗产传承、现代农业观光于一体的乡村生态文化旅游综合体。

湖南祁阳县茅竹镇三家村田园综合体美丽乡村

（1）基本概况

祁阳田园综合体[89, 90]选址于湘江河畔，离祁阳县县城仅 6 千米，2017年共报建设资金 4000 余万元，现已建成蔬菜基地 3000 亩，退耕还林还湿 112亩。三家村自然条件优越，区位优势明显，辖 23 个村民小组、556 户，村民 2366 人，行政区域总面积 1200 公顷，是湖南省率先推进的退耕还湿试点项目区。

（2）发展思路

该项目规划建设与城市综合体相呼应，将形成一体两翼的大美格局。具体格局包括农业生产、农事体验、休闲观光、农家风情、居民住宅、社区配套6个区域，大力整合各类涉农项目，并实施引凤入巢计划，吸引社会资本入驻，致力为全县农业供给侧结构性改革打造样板区。

（3）启示借鉴

该项目确定了村庄美、产业兴、农民富、环境优的发展目标和"水岸田园·雅致新村"的形象定位，按照高效集约、宜居宜业、绿色环保的基本要求，拓展农业功能，延伸发展当地原有生态农业和休闲旅游，带动农村经济发展，增加农民收入，实现城市居民的田园梦。

四川蒲江县茶文化田园综合体

（1）基本概况

该项目是由四川天府瑞城投资发展有限公司签约的四川省首个茶文化田园综合体[91, 92]，规划建设集茶园农业、休闲文旅和田园社区于一体的特色小镇，为居民提供田园生活的新体验。项目总占地面积约1.4万亩，总投资约40亿元。

（2）发展思路

该项目主要目标是推进田园综合体模式在四川落地，后期将在城镇化建设、特色小镇打造、区域开发及运营、产业集群投资等方面进行深层次探索与发展，通过产业规划导入龙头产业，聚集产业人群，重塑乡村核心竞争力。未来将创建田园生活展示馆、茶文化博物馆、乡村文创园、文化市集、生态营地、生态度假村、特色民宿、田野乐园、农业公园和度假社区等众多业态。

（3）启示借鉴

按照蒲江县建设有机农业基地和健康休闲基地发展战略，结合蒲江县成佳镇自身特色，在原有茶产业的基础上，大力挖掘第三产业的经济潜力，以产业化、规模化、品牌化为方向整体开发运作，发展茶文化、生态旅游等产业。用"茶园 + 文旅 + 田园社区"的产业模式，"国企 + 民企"的合作形式，强强联手实现优势互补。

河南汝州现代农林生态花海田园综合体

（1）基本概况

该项目是由河南省蒋姑山农林发展有限公司规划建立，实施总面积4万亩，计划总投资15.6亿元。

（2）发展思路

汝州现代农林生态花海田园综合体现已种植芍药800亩，油用牡丹500亩，在汝州蟒川镇、巩义米河镇两个基地种植各种规格的元宝枫50余万株，播种元宝枫苗圃100亩，并在元宝枫林下套种中药材芍药、鸡冠花、透骨草、桔梗、丹参、射干等800余亩，规划最终建成至少3000亩以上规模的中药材种植区域。

（3）启示借鉴

项目着力打造四季有花、四季常绿、环境优美、旅游及农林产业综合发展、人与自然和谐相处、中东部地区规模最大、最美的以花海景观为主要载体的现代化农林产业综合体。

第6章

田园综合体实践案例解析

6.1 实践案例分类

6.2 山区发展类型案例解析

6.3 平原地区发展类型案例解析

6.4 田园综合体实践研究成果

6.1 实践案例分类

我国国土面积辽阔，东西跨度长达 5200 千米，南北跨度约 5500 千米，自然环境复杂多样，形成了各具特色的地理区域。其中，山区（包括丘陵和高原）占陆地国土面积的 70%，居住着全国近 1/3 的人口，大约 3/4 的县位于山区和半山区，绝大多数少数民族生活在山区，国家级贫困县中山区占 80%；平原地区占陆地国土面积的 12%，是人口密集区，主要包括东北平原、华北平原及长江中下游平原。不同地理区位的自然、人文、经济发展特征与方式各不相同，对于"三农"发展，尤其是农业发展，要因地而异，扬长避短。同时，在资源禀赋相似的地区，应参考较好的发展经验与模式，为本地区的发展探寻出路。

本书将规划所多年来在田园综合体领域所从事的实践案例分山区和平原地区两类进行解析，探索总结发展规律和模式，进而推广示范，以期对乡村振兴战略中田园综合体的创建与发展模式创新提供借鉴与参考。

平原地区经济发展的优势与制约因素

（1）经济发展优势

①平原地区土地资源丰富、土壤肥沃、地形平坦，适合机械化生产，能大规模生产同一种农产品，发展农业板块经济，提供丰富的原料产品，刺激农产品加工业的发展。通过工业手段，提高农产品的附加值，以增加收入。

②平原地区交通发达，普遍有四通八达的路网，提高了出行与商业运输的便捷性及效率。

③平原地区人口密集，生产要素集聚，相对容易形成上规模的产业集群。

（2）经济发展制约因素

①平原地区生产的大宗农作物大都是"大路货"，与国内外市场同类产品竞争激烈，商品价格普遍偏低，难以产生高回报效应。

②平原地区缺乏奇特的自然景观，资源特色不突出，限制旅游业的发展。

③相对于山区，平原地区农业基础条件较好，但是现代化水平依然不高，农业服务专业化程度较低。

山区经济发展的优势与制约因素

（1）经济发展优势

①山区气候差异明显、千变万化，具有丰富的生物多样性，为旅游发展提供了资源优势。

②山区生态环境良好，以生产绿色农产品为主，易于打造特色农产品品牌，产品通过品牌溢价，在市场上占据竞争优势。

③山区经济作物丰富，如柑橘、板栗、茶叶、中药材、魔芋、其他林果等，相对于缺乏特色产品的大宗作物，经济价值较高。

（2）经济发展制约因素

①山区耕地稀少，往往成块状或条状分布，且崎岖不平，地块比较零碎，土壤也没有平原地区肥沃。

②山区地形崎岖，交通不便，基础设施建设难度大。

③由于山区信息交流不通畅，导致先进的技术与设备在山区推广应用滞后。

④山区容易发生泥石流、滑坡等自然灾害，农业发展具有一定的风险性。

⑤山区基础设施不完善，农业服务专业化程度低。

山区与平原地区规划案例的划分意义与简介

山区与平原地区的农业农村发展条件各具特色，如村庄布局方式不同，产业发展不同，既有优势又有劣势。山区地形复杂，村庄布局分散，土地不平整，但是地形地貌多样化，利于景观打造；平原地区村庄布局规整，产业发展易于规模化。所以在田园综合体的创建过程中，如果能通过创新思维将制约因素转化为有利条件，出奇制胜，并探索适合当地的发展模式和路径，则能长远发展。

本章分两节收录并解析了山区和平原地区两类典型案例。其中，山区发展类型案例5个，3个是近几年规划所参与创建项目中比较典型的类似田园综合体发展模式的案例，2个是中农富通城乡规划设计研究院编制的田园综合体案例。

由规划所与北京中农富通园艺有限公司（以下简称中农富通）参与规划、设计、施工和运营的广西玉林五彩田园现代特色农业示范区已于2015年开园，发展成熟且名扬四海；河北省秦皇岛市青龙满族自治县农旅综合体目前主要内容已建成，计划2018年开园。

平原地区案例2个，均为规划所参与创建。其中，河北省南和县农业经济综合体是河北邢台市人民政府与中国农业大学进行"校地合作"的实施项目，也是中农富通参与建设、运营的河北省第一个大型农业经济综合体，在2015年开启，目前已成功运营；河北省石家庄市藁城区田园综合体则是都市农业形态下的一种典型发展模式。

6.2 山区发展类型案例解析

广西玉林五彩田园现代特色农业示范区

（1）项目简介

五彩田园堪称广西区位条件最优、农业生产基础最好、三产融合发展最快、自然环境最美的农业示范园区。项目区位于海峡两岸（广西玉林）农业合作试验区内，规划区总面积为8.85万亩，涵盖鹿峰村、鹿塘村、鹿潘村等10个行政村，是广西壮族自治区玉林市和玉州区两级共建的现代农业园区（图6-1，图6-2）。

图6-1　五彩田园入口处牌楼

图6-2 五彩田园实景图

项目于 2014 年 4 月启动建设，2015 年 1 月被广西壮族自治区人民政府认定为广西首批自治区级现代特色农业（核心）示范区。开展 4 年多，先后被授予"国家农业产业化示范基地""全国首批国家级专家服务基地""全国休闲农业与乡村旅游示范点""中国农业公园""国家 4A 级旅游景区""五星级乡村旅游示范区""中国电商旅游第一村""2016 百佳田园小镇"等称号。中共中央政治局常委、中央书记处书记刘云山，国家农业部部长韩长赋，广西壮族自治区党委书记彭清华、自治区主席陈武等多位领导曾莅临五彩田园调研指导并给予高度评价。自 2015 年开园，目前年接待游客 889 万多人，实现旅游收入 3.06 亿元；初步统计大概有 5000 多人在园区就业，核心区农民人均可支配收入 18036 元，分别高于玉林市和广西自治区平均水平 43.3% 和 74.1%。

在不久的将来五彩田园将被打造成为一二三产业融合发展的引领园、现代农业科技的转化园、新型农业经营主体"双创"的孵化园、特色产业扶贫的示范园、现代农耕文明的展示园、新农村建设的样板园。

（2）项目发展优势与制约因素分析

①发展优势

a.区位条件优越。规划区靠近玉林市中心城区，周边铁路、高速公路纵横交错，是玉林市东部出入北流市、容县、梧州及通往广州的门户。

b.气候、水资源条件较好。气候温和，雨量充沛，光照充足，与台湾地区气候条件相似，受台风影响较小，农业投资风险相对较小。

c.自然环境优良。规划区拥有会仙河湿地公园、穿镜山、伟人山、天门关、鹿峰喀斯特地貌等资源，以及宝相寺、马援营等人文景观资源。

②发展制约因素

a.基础设施不完善。规划区内现有的水、电、路等基础设施相对滞后，无法满足现代农业生产的需要，限制了现代农业的发展。

b.农业技术装备水平不高。农业机械化、信息化发展程度比较落后。

c.缺乏技术与人才作为产业支撑。受地域、经济等因素的影响，技术和人才奇缺成为制约当地农业发展的瓶颈因素。

d.自然制约条件。规划区所在区域雨季较长，高温多雨，降雨量丰富，土壤风化淋溶严重，耕层较浅，土壤疏松。同时，因当地曾毁林开荒、弃牧从耕，加剧了水土流失。

③发展思路　根据当地的基础条件，规划所提出夯实并提升第一产业、优化做强第二产业、孵化引导第三产业的发展策略；打造中草药种植、花卉苗木种植、高科技有机农业、农产品加工、观光休闲旅游的"五彩"产业链。

（3）目标定位与布局

①指导思想

a.以科学发展观为指导思想，全面统筹城乡发展、区域内外发展、经济社会发展和人与自然和谐发展观。

b.以服务农村、农民、农业，逐步解决"三农"问题和推进社会主义新农村建设为基本目标。

c.以功能互补、一二三产业互动和城乡互利的有机共生理论为基本理念。

d.以土地向规模集中、工业向园区集中、人口向社区集中的"三集中"为重要手段，引导人和生产力合理布局。

e.基础设施建设共享，社会公共服务设施均衡化配置。

f. 充分利用政府、社会和个体的力量，既要坚持市场机制在资源配置中的基础性作用，促进生产要素自由流动，又要发挥政府的主导作用。

g. 因地制宜，突出地区特色。

h. 保护自然、人文资源和环境，集约、节约利用资源，实现可持续发展。

i. 循序渐进，试点示范，稳步推进。

②战略目标　基于规划区自然基底及建设现状，借鉴国内外现代特色农业示范区建设相关经验，以实现城乡统筹、协调发展、城乡一体、和谐玉东为目标，探索规划区实现农业资源高效利用、农业产业链延伸、农业多功能发挥、农村基础设施城镇化、生活服务社区化、生活方式市民化的建设途径，促进规划区内现代特色农业示范区的健康发展。

③功能定位　综合各方面因素考虑，未来的规划区应作为广西现代特色农业示范区和广西就地城镇化示范区。其定位为：特色五彩田园、产业创新示范区。五彩田园以两区同建、全域5A、国际慢城为理念，以标准化、规模化、品牌化、特色化、生态化、田园化"六化"为要求，从山水田园路、三产融合、三生同步、创意科技人文等多维度规划建设，立足现代特色农业产业园区和新型农村社区两个功能支点，同步推进深化农村改革、培育新型农业经营主体、引入现代农业科技、发展农业休闲旅游、引进农业新兴产业、开展美丽乡村建设等工作，创新提出了现代特色农业出彩、新型城镇化出彩、农村综合改革出彩、农村生态环境出彩、农民幸福生活出彩的"五彩"功能定位。

④空间结构及布局　依托地区资源条件、产业基础和发展重点、龙头项目分布情况，规划形成以主题式园区、特色化园区、专业型园区为核心和枢纽的"多园"产业布局结构，推动农业向一二三产业集成转变，发展集生产、生活、生态为一体的现代特色农业，形成2个小镇、5个核心园、30个特色园的主辅结合、一区多园、核心带动、多点呼应的规划布局。旨在建设集休闲度假、观光旅游、康乐美食、科普教育为一体的高品位乡村生态旅游景区，将五彩田园区域打造成5A级景区和田园都市。

五彩田园经过发展，已建成五彩田园规划展示馆、樱花公园、岭南农耕文化园、铁皮石斛林下经济示范园（石斛龙园）、海峡两岸（广西玉林）农业合作科技示范园、宝相寺公园、本草禅园、农业嘉年华（中国现代农业技术展示馆）、儿童游乐园、耕读山庄、南药种苗培育中心、蘑菇部落、荷塘月色、隆平高科援外实训基地和杂交水稻种植示范基地、中农富玉组培中心、中国南药园、会仙河湿地公园等旅游观光点和园区。

（4）案例解读

①规划理念　五彩田园现代特色农业示范区的规划理念与国家田园综合体"三生同步、三产融合、三位一体"的建设目标相一致。主要体现在以下几个方面。

a. 夯实提升第一产业。打造海峡两岸高科技农业示范基地＋现代农业特色产业化基地，将五彩田园打造成为玉林乃至广西现代特色农业的标准化示范基地和展示窗口。

b. 优化做强第二产业。打造五彩田园农产品深加工产业园，推行"公司＋基地＋农户"的发展模式，形成生产、加工、销售一条龙服务的产业链，实现农业增效、农民增收。

c. 孵化引导第三产业。打造乡村休闲旅游产业＋农业科普教育基地＋生态健康养生产业，以农业为基础，促进农业的生产、生态、生活等多种功能的全方位开发。

②五彩田园特色"五创新"

a. 地域创新。农业嘉年华走出北京，在广西玉林因地制宜发展，撬动了7.8万亩五彩田园园区的全面发展（图6-3）。

图6-3　五彩田园嘉年华航拍图

b. 时间创新。五彩田园内农业嘉年华项目突破季节性限制，全年运营开放。

c. 技术集成创新。互联网信息技术、水肥一体化、精准灌溉等栽培技术融合。通过农业嘉年华项目加上 1000 亩科技园相结合的方式推广农业新技术、新品种、新设备、新设施，同时依托中农富通的科技服务，面向西南地区及东南亚进行农业科技服务。

d. 模式创新。五彩田园将服务市民的嘉年华、服务农民的科技园、卖场有机整合。韩长赋部长调研时，提出要建好科技园、加工园、流通园、观光园和辐射带动园这"五园"，探索发展新模式，推动全产业链发展，推进休闲农业旅游，增强辐射带动作用，促进一二三产业融合发展。

e. 经营主体创新。构建了"1 体系 +3 机制"建设运营管理模式。五彩田园坚持把改革作为打造田园综合体的动力源泉，同步推进农村产权制度改革、经营模式、管理体制等方面的创新，构建了政策保障体系和投融资、利益联结、运营管理三大机制，促进五彩田园田园综合体建设发展走上正轨。引导入驻五彩田园发展的经营主体通过实行"公司（合作社）+ 基地 + 农户"、"保底 + 分红"、"土地流转租金 + 返聘务工"、土地入股、经营权拍卖等模式，使园区农民实现了土地流转金、薪金、股金、房屋租金、养老保险金"五金"收入。

经过 3 年多时间的倾力打造，"有边界、无围墙"的五彩田园立足于乡野自然景观，融入现代发展要素，实现了乡与城、农与工、传统与现代、生产与生活的融合，兑现了"让农民充分参与和受益"的 2017 年中央一号文件政策，成为当地农民的五彩家园、投资者的创业家园、外来客的观光乐园，提交了一份新时代田园综合体的优秀答卷。

湖北柑橘国家农业公园

（1）项目简介

湖北省宜都市地处宜昌市南部，是著名的"中国柑橘之乡"。长江经济带上长三角与中部城市群已经实现无缝对接；三峡城市群，实现长江中上游经济带的无缝对接与弥合中部城市群与成渝群空间结构的"缺陷"。三峡城市群（包括湖北省的宜昌市、恩施土家族苗族自治州、神农架林区以及重庆市万州区、荆门、荆州）在六市州区中，宜昌位居版图中央，作为省域副中心城市，形成了对周边城市强有力的带动与辐射作用。项目地处宜都市红花套镇高坝洲镇，具有良好的区位和交通优势，其规划区面积约36万亩，涵盖2个乡镇20个村（图6-4）。

图6-4　湖北柑橘国家农业公园项目调研组图

（2）项目发展优势及制约因素分析

①发展优势

a.区位交通优势。宜都市位于长江城镇密集发展带，紧邻武汉都市圈，水陆交通便捷，其区位、交通优势明显。

b. 科技优势。项目区拥有"柑橘优质高效栽培与深加工国家地方联合工程研究中心"（柑橘产业唯一）和"湖北省校企共建蜜橘栽培与深加工研发中心"等机构，为园区产业发展提供了智力资源。

c. 品牌优势。园区已集聚一批区域品牌，拥有"土老憨"和"清江野鱼"等中国驰名商标。其中，"土老憨"已荣升全国农产品区域公用品牌价值百强榜，形成了一定的品牌效益。

d. 产业优势。宜都市素有"中国柑橘之乡"的美誉，种植规模大，柑橘是当地第一大支柱型产业，具有相对完善的柑橘种植、加工、销售产业链。

e. 龙头企业带动。"湖北土老憨生态农业集团"是一家集农产品标准化种植、商品化处理、深加工产品研发、生产与销售为一体的现代农业产业化企业，拥有国家级柑橘产业科技工程中心，是全国唯一一家用水果生产调味品（利用柑橘生产优质鱼调味料）的企业。

f. 文化底蕴深厚。宜都市是"中国谜语第一村"，其八卦山道家文化、三国文化、杜甫柑橘诗文化、屈原橘颂文化等广为人知。

②发展制约因素

a. 优质品种稀缺。柑橘品种单一，品质提升空间大。

b. 种植管理技术滞后。大面积柑橘种植技术还停留在传统阶段，生产管理粗放（如病虫害防治技术有待提升）。目前，柑橘仅与黄豆进行套种，柑橘种植空间利用率较低。

c. 服务体系较弱。柑橘产后采摘、处理、贮藏和加工等生产环节还存在一定的不足。

d. 产业融合度不够。目前主要以一产为主，二产虽有龙头企业带动，但仍有较大提升空间，尤其是在与三方融合发展方面有待提升。

③发展思路　根据对项目区发展优势与制约因素分析，规划所制定了柑橘产业化、休闲旅游生态化、促进城镇化建设的发展路径，在柑橘产业上下足功夫。首先，延伸产业链条，提高农业附加值；其次，延展相关产业，拓展农业多功能化，实现产业融合发展，将传统产业链提升为价值链导向。

（3）目标定位与布局

①指导思想　宜都市结合"中国柑橘之乡"的品牌产业基础，紧抓"互联网＋"的时代机遇，以柑橘特色产业为基底，以休闲旅游为动力，以区域发

展、农民增收为目标，通过农旅互融促发展，实现产业链与价值链的双重提升，有效配置科技、人才、制度、资金、品牌等要素，创新发展理念，并通过政府引导、市场主导、产业拉动、企业带动实现三生统筹兼顾、"三农"协调发展，创新打造政府、企业、农民及其他参与主体合作共赢的农业经济综合体，并探索"国家农业公园＋"的区域发展、三产融合的新模式，最终建成全国首家、世界一流的国家柑橘农业公园。

②战略目标　宜都市依托自身良好的产业基础和生态资源，结合上位规划及政策的总体要求，实现新型工业化、信息化、城镇化、农业产业化、绿色化同步发展，达成大力推进生态文明建设的战略目标，最终将宜都市建设成为丘陵区现代柑橘产业化示范基地、国内农业综合体模式创新区、国际领先的柑橘国家农业公园。

③功能定位　在经济社会发展新常态下，根据国家、区域经济社会发展需求，柑橘国家农业公园在未来的发展过程中，将借鉴国内外农业公园发展的最新理念，基于区域综合基础条件，进行农业功能提升及拓展。在区域农业发展中将承载产业科技提升与标准化体系推广、优质产品多元化开发与品牌提升、一二三产融合与发展模式创新、城乡一体化提速与多元主体共赢等多元功能。

④空间结构及布局

a. 空间结构。园区以柑橘产业为基底，以提质增效为目标，以农业产业化发展、农旅互促式发展为手段，重点发展农业产业品种改良项目、农业产业加工项目和农业文化创意的体验项目。根据功能定位、发展思路、资源现状，项目区整体呈现"三层功能区、核心引发展，六大景观带、多业互融合"的空间结构。"三层功能区"即核心区（柑橘生态食品加工科技园区、精品种植示范区、生态农业休闲旅游区）、示范区（高效种植区）、辐射区（宜都、宜昌市及周边地区）；"六大景观带"即山野生态休闲景观带、魅力荆门山旅游景观带、历史人文与现代农业旅游景观带、清江山水旅游景观带、花果景观带和宜都地域文化风情景观带。

b. 功能格局。在功能上形成"两廊三心多板块"的功能格局。"两廊"即清江休闲走廊、一村一品休闲走廊，"三心"即三个游客服务中心，"多板块"即红花套千米景观绿廊板块、南桥村田园部落板块、青林寺村民俗文化风情体验板块、白洪溪村道家文化养生休闲板块、大战坡三国文化体验板块、周家河村观光休闲体验板块、荆门山娱乐度假板块、大溪生态休闲板块、（宋山、清江）山水休闲娱乐板块、桑蚕文化体验板块、宜都地域文化体验板块。

（4）案例解读

柑橘国家农业公园"新农村建设原地城镇化、农业产业化、乡村休闲游绿色化、农业新技术推广及新品种使用、互联网+"五位一体的新型发展模式与国家田园综合体"农业+文旅、农业加工、互联网等+农村社区"的综合发展模式相契合。项目以柑橘产业为基底，以提质增效为目标，以农业产业化发展、农旅互促式发展为手段，重点发展农业产业品种改良项目、农业产业加工项目和农业文化创意体验项目。通过对产业链的延伸、价值链的提升，提高柑橘产业化发展水平。在农业文化创意园区的景观处理上，结合当地的文化特色，融入产业文化、创意文化、民俗文化，形成独特的"一村一品"发展模式，即一个村庄一个特色的农业创业园区风貌。同时，通过策划世界柑橘嘉年华活动，吸引人气，集聚商气。将农业、文化、创新相结合，采用农业休闲体验、农业创意体验与示范博览的形式，创新柑橘国家农业公园新品牌，打造农业的新业态，推动农业产业建设，带动项目区及周边休闲农业的发展。

河北省秦皇岛市青龙满族自治县农旅综合体

（1）项目简介

青龙满族自治县位于东北、华北两大经济区结合部，东邻渤海，南靠京津唐，北与辽宁接壤，正处中国经济新增长极环渤海、环京津经济圈内。项目区位于茨榆山乡，处于青龙县东南部，规划面积共计6.3万亩，见图6-5。

（2）项目发展优势与制约因素分析

①发展优势

a. 区位交通优势。青龙县内有铁路、公路，对外交通十分便利。

b. 产业特色突出。项目区内种植业以玉米、谷子等杂粮为主，林果业以板栗、核桃、苹果、山楂等干鲜果品为主。

c. 发展农业基础条件良好。项目所在地气候适宜，降水充沛，无霜期长，昼夜温差大，可满足两年三熟和一年两熟作物生长的需要，为当地农业发展

图6-5 青龙县农旅综合体项目调研组图

创造了得天独厚的资源条件。

　　d.旅游资源禀赋好。项目区地处燕山山脉东段，地势呈马鞍形，地形分为中山、低山、丘陵、沟谷4种类型，境内山峦起伏，沟壑纵横，南盘老岭、北踞都山，具备打造乡村旅游的良好自然条件。

　　②发展制约因素

　　a.资源环境与生态环境不足。水资源紧缺、农业资源污染问题严重。

　　b.社会化服务水平不高。缺乏专业化农合服务队伍为产前、产中、产后提供技术指导，市场信息等服务不足，新型经营主体培育不足。

c. 土地资源有限。项目区素有"八山一水一分田"之称，缺少良田。

③发展思路　立足青龙县资源禀赋、区位条件等优势，围绕板栗、休闲农业等产业，做大做强传统特色优势主导产业，促进三产融合发展，发挥产业集群效应，稳步发展农业嘉年华、农业迪士尼等创意农业。

（3）目标定位与布局

①指导思想　该项目以党的十八届五中全会精神为指引，紧抓"十三五"开局大好时机，遵循创新、协调、绿色、开放、共享五大发展理念，借助秦皇岛市强力推进旅游产业的发展机遇，利用青龙县良好的生态区位、特色资源，认真贯彻落实2017年中央一号文件和国家、省市有关田园综合体建设重大决策部署，按照环境立县、产业强县、开放兴县、和谐安县的战略指引，依托专业合作组织创新集体经济模式，发展三产融合形成经营多样化和规模化格局，促进青龙县特色产业升级，借助农业供给侧改革机遇助推品牌农业发展。吸引百家企业入园，激发社会创造力，培育新产业、孵化新业态，创新投融资渠道，构建新型市场体系、扶持新型经营主体，以农业转型升级力促扶贫攻坚，实现多方参与，共建共享。

②战略目标　根据省市经济发展和农业定位要求，结合项目地的资源禀赋，借鉴国内外农业发展新理念，将项目区的目标定为"科技引领、企业孵化；科普教育、职业培训；精品展销、社会服务；农业旅游、民俗体验"。

③功能定位　项目地资源组合性较好，但缺乏带动力量。旅游开发的关键在于创意，将文旅产业作为未来的重要发展方向，考虑功能搭配、规模配搭、空间配搭，打造符合"自然生态型的旅游产品＋度假产品"的组合，将农业迪士尼作为其田园综合体的先行项目，增加该田园综合体项目的吸引力。构建八大中心，即游客集散中心、物流配送中心、大数据中心、公共交通调度中心、财务结算中心、行政服务中心、质量检测中心、品牌运营中心，进行运营管理。

④空间结构及布局　根据园区的发展目标和功能定位，结合园区产业基础、产业现状及资源分布等状况，充分考虑资源承载力和政策市场环境等因素，对农业农村空间布局现状进行优化提升，形成"一核两区一带"的空间布局。"一核"即农旅综合体核心区，创新集体经济模式，发展农业迪士尼等创意农业新业态，促进三产融合，培育新动能，发挥科技引领、聚集人

气等功能；"两区"即乐活林果休闲区、生态农业体验区，承载优质林果农产品生产、农业休闲观光等功能，围绕核心区，南北呼应，实现产业间互补互促；"一带"即山林风光观光带，通过建设景观长廊，设置沿途景观休闲节点项目，串联南北各功能区域。通过各区域重点项目建设发展，形成一核引领、两区互补、一带串联、农旅互促、产村互动的整体发展格局，实现区域内产加销游一体、一二三产融合、产村协调同步发展。

（4）案例解读

青龙县农旅综合体规划以青龙县雄厚的农业产业为基础，引导龙头企业、农民专业合作社、家庭农场和社会力量共同参与建设，打造科技农业、加工农业、休闲农业等，进而促进商贸物流、创新孵化、旅游度假、养老养生等衍生产业的建设。项目区以农业迪士尼核心区为整个园区的撬动力，以满族文化、青龙美食、民俗风情为特色，促进三产融合，培育新动能，发挥科技引领、聚集人气，依托园区示范性和科技引领性，提高项目区的社会影响力和辐射带动力，实现产业扶贫，增加农民收入。同时，推动建设生态环境优美、村容村貌整洁、产业特色鲜明、社区服务健全、乡土文化繁荣、农民生活幸福的美丽乡村，进一步推进城乡一体化发展（图6-6）。

图6-6　青龙县农旅综合体项目
建设现状组图

中国洛川苹果田园综合体

（1）项目简介

中国洛川苹果田园综合体位于陕西省延安市洛川县永乡镇，距离洛川县城10千米，G210国道通过项目区连接县城区和其他乡镇，北接富县、宜川，南与白水相邻，东靠黄龙山地，西与黄陵、宜君毗连，地理经济区位优势明显。项目地规划范围涉及永乡街村、冯家村、东安宫村、阿寺村和南贺苏村5个行政村，总规划用地面积约2万亩。

项目区的苹果产业发展基础强劲，品牌优势突出，享誉中外，累计荣获国家及省部级各项大奖170多项，先后获得2008年"北京奥运会专供苹果"、2010年"上海世博会专供苹果"、2010年"广州亚运会专供水果"、2013年"博鳌亚洲论坛年会服务产品"等30余项冠名权，是全国最具影响力的农产品品牌之一，出口20多个国家和地区，并且连续成功举办了八届"中国·陕西（洛川）国际苹果博览会"（图6-7）。

（2）项目发展优势与制约因素分析

①发展优势

a. 地理区位优越。项目区地处西安、延安城市经济发展走廊的中央重要节点，紧邻洛川县城东部，地理区位优越。洛川县作为陕北南部经济区的重要组成部分，西安城市经济圈层辐射带动区域，借势关天经济区，经济区位明显，发展潜能巨大。

b. 交通便捷。洛川县是陕西省贯通南北、联系东西的重要区域经济枢纽，机场、高铁、高速公路等交通快速便捷，为项目区发展提供了良好的物流、信息流、人流条件，为内外部经济联系提供了良好的基础。

c. 丝绸之路经济带及沿黄河经济带战略机遇优越。项目区临近黄河经济带，黄河经济带发展作为国家重要战略，为国家"一带一路"倡议的内陆腹地提供强有力的支撑，可以有效促进本地区社会经济发展，加快城镇化进程，"名企入陕"也为项目区带来了发展机遇。此外，项目区得益于"一带一路"带来的便利，本土农产品贸易"络绎于途"，陕西洛川的苹果更是销往了中东以及欧洲市场。

图 6-7　洛川苹果田园综合体项目区风貌组图

d. 主导产业得天独厚。项目区地处中国苹果之乡、国内最大的绿色苹果集中连片种植基地，产业基础良好，市场认可度高，品牌价值凸显。

e. 历史文化资源优越。洛川县是洛川会议旧址所在地，项目区历史悠久、文化底蕴浓厚。

②发展制约因素

a. 水资源缺乏。洛川县位于黄土高原中部，地处世界最深厚、最典型的黄土高原，也是渭北旱塬。一方面项目区沟壑与村镇用地枝状相间，土地利用存在制约；另一方面地表径流量少、蒸发量大、水资源缺乏，对节水农业发展提出了严峻的挑战，急需植入现代农业生产要素。

b. 产业发展状况落后。在苹果产业方面，现代栽培体系不完善，果园更新改造的压力日益加大；二三产业发展滞后，增值潜力亟待挖掘；品牌带动能力不强，营销体系亟待建立，品牌与产品的结合度有待进一步提升。

c. 基础设施尚不完善。区域内交通设施和道路等级有待进一步提升，农业生产、农村生活的基础设施不完善，环境治理需进一步深化。

③发展思路　通过洛川苹果田园综合体的建设创造洛川苹果知名品牌的升级发展机遇，对洛川苹果产业的发展具有重要的历史发展节点意义。规划统筹生产、生活、生态建设，促发经济新活力，构建农业农村建设新抓手，释放生产力和生产关系新动能。本项目的创建时机恰逢苹果产业的现代要素提升关键时期，是带动农民增收的重要途径，在统筹推动土地、科技、服务、管理等方面，推动一体化创新发展，促进产业升级。项目规划满足了城乡居民对乡村生态旅游、领略乡村文化、体验农耕文明等需求的剧增，充分发挥了洛川县文化资源和民俗资源特色，同时注重乡村统筹建设，兼顾构建洛川县乡村宜居风貌。发挥洛川苹果产业、特色地质优势资源，发挥项目区特色田园风光和独有魅力，构建绿水青山的保护区和栖居地。

（3）目标定位与布局

①指导思想　以 2017 年中央一号文件关于深入推进农业供给侧结构性改革为指引，适应农村发展阶段性需要，遵循农村发展规律和市场经济规律，围绕洛川县农业增效、农民增收、农村增绿，加强乡村基础设施、产业支撑、公共服务、环境风貌建设，实现农村生产、生活、生态"三生同步"、一二三产业"三产融合"、农业、文化、旅游"三位一体"，积极探索推进农村经济

社会全面发展的新模式、新业态、新路径，逐步创建独具地方特色的田园综合体。

②战略目标　以"洛川苹果，万里飘香，田园胜境"为田园休闲宜居品牌，迎合区域市场绿色农产品及宜居体验需求，突出陕北窑洞民居风貌的社区建设，提升村庄生态环境，完善公共服务设施，加强景观绿化，体现生态宜居，结合民俗文化活动，开展商业、餐饮、民俗等接待服务，示范带动陕北地区现代农业及美丽乡村发展，最终建成国家农村三产融合试验示范区、西北地区现代苹果田园综合体、陕北农耕文明创意休闲集聚区。

③功能定位

a. 现代苹果示范功能。以苹果种植为核心产业，带动陕西、辐射全国的苹果生产、科研、加工、营销基地发展。

b. 三产融合创新功能。延伸苹果产业链，提升加工、包装、物流水平，充分融合休闲农业和乡村旅游业态，实现三产融合发展。

c. 旅游度假娱乐功能。借助陕西洛川强大的客源市场，拓展苹果产业业态，融合旅游休闲、红色旅游、度假养生等多功能。

d. 田园乡村宜居功能。对区域内乡村整体进行改造提升，改善乡村人居环境和基础设施，使之成为宜居宜业宜游的田园乡村。

e. 休闲体验科普功能。针对田园综合体旅游休闲需求，发展休闲观光、康体娱乐、农事体验、观光采摘、科普教育等项目。

f. 文化传承弘扬功能。充分融合洛川县红色文化，面花、皮影戏、剪纸及陕北民歌、舞蹈等传统民族文化，发挥文化传承与弘扬功能。

④空间结构及布局　该项目规划以洛川苹果为主题，借万亩果园之势，将谷地、荒地作为产业配套建设用地，对传统产业现状进行升级改造，建设现代农业产业体系，并融入苹果文化、红色文化、民俗文化、饮食文化，以洛川会议纪念馆和中国苹果第一村为核心发展红色和绿色旅游服务业，通过乡村绿道串联各个村庄田园社区，形成相互联系、协同、共享的发展结构模式，构建多个乡村统筹一体的综合发展单元，实现农业农村统筹建设和一二三产融合发展。整体构建"一轴一环两核五单元"空间结构。"一轴"即永乡镇城乡发展轴，"一环"即田园综合体乡村绿道，"两核"即红色文化教育区、绿色文化体验区，"五单元"即冯家田园居住社区、东安宫田园居住社区、五兴田园居住社区、南贺苏田园居住社区、安咀子田园居住社区。布局苹果产业示范区、红色文化教育区、

绿色文化体验区、田园生活宜居区、综合管理服务区 5 个主要功能区。

（4）利益联结机制

该项目规划综合考虑了田园综合体产业发展、市场方向、项目设置等因素，选择"政府扶持＋合作社支撑＋科研院所指导＋企业运作＋协会监督＋农民增收"的组织架构，最终实现产供销一体化经营，使分散的农户小生产转变为社会化大生产。形成一种"龙头企业＋农民专业合作社＋农户"，即农民、村集体组织、农民专业合作社与企业的利益联结机制。

在田园综合体的管理运营方面，积极整合各方资源，不断实现各种体制机制创新；培育新产业新业态，整合撬动财政资金；创新现代金融体系，完善农村保险体系；引导专项基金，完善土地配置，盘活集体建设用地；把握产业发展新方向，实现科技创新和人才保障；成立农民专业合作社，进行新型农民培训，鼓励农民创业创新；创建专业协会，共享公共服务。

（5）案例解读

洛川苹果田园综合体的建设，将大大推动当地农业农村统筹发展，实现洛川苹果的产业升级，大步提升洛川苹果的世界知名度，成为推动农村生产、生活、生态的重要抓手、一二三产融合发展的重要引擎和构建农业、文化、旅游三位一体的重要支撑。

经过该项目建设，洛川苹果产业种植效益将更加凸显，大大带动农民增收，农村集体经济效益显著提高。围绕苹果加工的二产经济活力显著增强，辐射带动区域苹果产业发展。围绕洛川会议红色文化及阿寺村苹果历史渊源的三产融合创新模式，改变农村生活方式，促进农村生产生活生态的统筹发展，形成洛川县新经济增长点。同时，洛川苹果田园综合体的建设将促进农村生态环境的保护与发展，打通综合体生态经济的微循环，通过改善提升村庄生态环境，开创新的生活方式。

山东省济宁市泗水田园综合体

（1）项目简介

泗水田园综合体位于山东省济宁市泗水县圣水峪镇境内（图 6-8）。项目区

图 6-8　泗水田园综合体项目区种植现状组图

规划范围涉及王家沟村、连家庄村、救驾庄村、涝沃村4个村庄。总规划用地面积约1.02万亩，核心区规划用地面积约3200亩。

（2）项目发展优势与制约因素分析

①发展优势

a. 泗水县地处鲁南城市带的核心。项目区地处日菏、京沪两大发展轴的交接地带，是济宁都市区的边缘地带，具备承接鲁南、东部沿海、长三角产业资本梯度转移的有利区位条件。

b. 泗水县是儒家学说的发祥地。儒家文化、耕读文化源远流长，底蕴浓厚。同时，泉乡文化、丰富的美食文化及特色的民间技艺，为项目发展提供了丰富的文化基础。

c. 泗水县产业基础强劲。拥有泗水红薯、泗水花生、泗水西瓜等16件国家地理标志证明商标，引进了山东升益生物科技公司等龙头企业，为发展田园综合体提供了有力的产业基础。

d. 项目区紧邻济宁市和曲阜市。未来将设高铁站，有效带动城乡空间统筹发展，实现社会、经济、生态效益三效合一，为泗水田园综合体发展提供助力。

e. 生态资源条件优势突出。项目区生态基底良好，为泗水田园综合体发展提供良好的生态环境。

②发展制约因素

a. 产业特色不突出。山东是绿色农产品生产大省，但泗水县的农产品产业特色并不突出，品牌带动能力不强。

b. 三产融合发展滞后。增值潜力亟待挖掘。

c. 整体经济水平较低。项目区"空心村"现象明显，劳动力水平有待提升。

d. 乡村发展处于初级阶段。项目区内给排水、电讯、环卫工程等生产生活配套基础设施不完善，建筑布局不够合理。

③发展思路

a. 重构基础产业发展活力，创新农业"新六产"，开发农业多功能性。

b. 协同区域联动发展，为泗水田园综合体发展提供新动能。

c. 依托产业、文化、民俗等资源基础，充分发挥泗水田园综合体发展基础内生动力。

d. 突出绿色引领生态美、科学创新生产美、宜居舒适生活美的三生融合发展。

（3）目标定位与布局

①指导思想　项目规划利用泗水县的区位优势，以市场需求为动力，以花生、红薯、桃等产业为基础，以芳香植物新兴产业为重点，以村庄环境整治为抓手，以山水田园的开放空间为载体，以科技创新为支撑，以耕读文化为纽带，以旅游创意为特色，实现一二三产业融合发展。

②战略目标　提升林果、红薯等基础产业，培育芳香植物新兴产业，以山水田园的开放空间为载体，建设农村生产、生活、生态"三生同步"，一二三产"三产融合"，农业、文化、旅游"三位一体"，集循环农业、创意农业、科普教育、休闲体验、康体养生、生态涵养等多功能于一体的国家农村三产融合试验示范区、山东省山地农旅文化田园综合体、鲁南农耕文明创意休闲集聚区。

③功能定位

a. 现代农业示范功能。以林果、红薯为基础产业，以芳香植物为新兴特色产业，实现现代农业转型升级，提高生产效率和产值收益。

b. 三产融合创新功能。以林果、红薯、芳香植物为主的第一产业为基础，加工、包装、物流第二产业为提升，充分融合休闲农业旅游业态，三产融合创新发展。

c. 旅游休闲度假功能。借助济宁市具有强大影响力的客源市场，拓展农业生产功能，融合旅游休闲、度假养生等功能。

d. 文化传承体验功能。充分融合济宁市孔孟之乡、礼仪之邦、耕读文化等传统民族文化，发展文化演艺、传承体验等功能。

e. 田园乡村宜居功能。对区域内乡村进行整体改造提升，改善乡村人居环境和基础设施，使之成为宜居宜业宜游的乡村。

④空间结构及布局　规划整体构建产业示范核心区、田园生活宜居区、基础产业提升区、文化休闲体验区和综合管理服务区五大功能板块。

a. 产业示范核心区。种植红薯、花生等农作物的主要产区，配套农产品加工制造、贮藏保鲜、市场流通的区域，是为田园综合体发展和运行提供产业支撑和发展动力的的核心区域。

b. 田园生活宜居区。主要为农民社区化居住生活、产业工人聚集居住生活、外来休闲旅游度假的生活区域。

c. 基础产业提升区。传统产业提升与科技示范区域，实现高效优质生产，塑造大田景观，增加乡村氛围，提升游览品质。

d. 文化休闲体验区。以农庄、农事体验、农村活动、文化景观为主，使游客深入农村特色的生活空间，体验乡村田园活动，享受休闲体验乐趣。

e. 综合管理服务区。田园综合体组织运行提供服务和保障的功能区，提供服务农业生产领域的金融、技术、物流、电商、教育培训等内容。

（4）利益联结机制

立足资源禀赋、区位环境、历史文化等优势，全力打造产业体系，加快实现村庄美、产业兴、农民富、环境优的目标。兴农为农，提高农业综合生产能力，让农民充分参与和受益，同时保持农村田园风光，突出农业特色。集约政策资金，创新体制机制，调动多元化主体共同推进田园综合体建设的积极性。充分发挥农村集体组织的作用，壮大村集体经济发展活力和实力。

（5）案例解读

综合考虑田园综合体产业发展、市场方向，以提升产业、提高收入、促进三产联动发展、激活经济农业活力为核心，通过土地综合整治、农田基础设施、现代农业产业、"互联网+"等配套工程建设，创新项目体系，构建拉动现代农业发展的新引擎，营造田园宜居活力乡村，提高区域品牌知名度，改善区域生态环境，促进可持续发展。

6.3 平原地区发展类型案例解析

河北省南和县农业经济综合体概念性规划

（1）项目简介

南和县位于河北省南部，素有"畿南粮仓"之称，同时也是国家商品粮、首都生猪、环京津蔬菜生产基地、河北省蛋鸡养殖基地、蔬菜生产基地、西葫芦之乡，荣获"中国宠物食品之乡"和"国家园林县城"国家级荣誉称号。项目地处南和县北部，具有良好的区位和交通优势，其规划区总面积约1万亩，涵盖宋镇和阳镇2个镇。

南和县农业嘉年华2016年开园至今累计接待游客300余万人次，先后获得"河北省十大文化产业园""河北省休闲农业示范点""河北省巾帼乡村旅游示范点"等荣誉称号（图6-9）。

图6-9 南和县农业嘉年华组图

（2）项目发展优势与制约因素分析

①发展优势

a. 区位优势。项目区位于京津冀圈内、环渤海经济腹地，受北部京津都市圈、河北省经济都市圈、东部山东半岛城市群、南部中原经济圈四大都市经济圈辐射带动。

b. 产业优势。现代农业产业特色相对突出。目前主要形成了现代农业、宠物用品、商贸物流、文化旅游、家具板材五大主导产业。

c. 文化优势。人文底蕴浓厚，项目区拥有宋璟故居、朱正色墓园、李起元祖茔、佛教圣地——白雀庵以及牌坊、隋碑等，为发展深层次、高品位旅游奠定了雄厚的历史文化基础。

②发展制约因素

a. 产业发展协同配套能力弱。项目区所在县域特色产业中，有产业无龙头、有企业无产业的现象仍然普遍存在。由于产业发展的协同配套能力弱，导致引来的企业做不大、县内的企业不够强。

b. 技术支撑能力弱。发展生态经济和转变经济发展方式最关键的就是创新能力和技术研发，而项目区内现有企业研发力量较为薄弱，科技产出水平低，导致传统产业升级慢、转型难，新兴产业发育慢、做不大。

c. 现代服务平台缺失。服务水平落后阻碍产业的转型和升级。项目区现代物流业发展刚起步，商务服务业发展缓慢，仍然停留在传统模式下，无法吸引京津冀高端服务人才，难以催生、做大新兴产业。

d. 旅游资源不足。项目区内农业旅游资源较少且种类单一，同质竞争较严重，地域性的农业园区缺乏亮点和合理性的整体规划，远不能满足市民对休闲的需求，阻碍休闲农业发展。

③发展思路 根据项目区区位优势、资源禀赋、科技优势、产业基础、市场现状与前景、政策趋势、融资情况等现状分析结果，以农业嘉年华为核心驱动力，汇集多种业态，有效配置科技、人才、制度、资金、品牌等要素，创新发展理念，着力打造一二三产业融合发展的农业经济综合体，促进南和县产业转型升级，并通过以点带面、以面连片的发展模式，打造河北省现代农业发展的新典范。

（3）目标定位与布局

①指导思想 在京津冀经济一体化发展背景下，坚持"五化"同步发展战略，紧抓河北省大力发展现代农业及邢台市"一城五星"建设机遇，立足南和县区位优势和产业基础，坚持市场导向，以提高经济发展质量和效益为中心，以区域发展、农民增收为目标，主动适应经济发展新常态，大力调结构、转方式，有机协调农业的生产、生态、生活功能，加快推进农业现代化进程。在产业与功能上做好与"一城五星"、南和新城、美丽乡村建设协同发展，促进产城融合，推进城乡一体化进程。

②战略目标 南和县依托自身区位优势和产业基础，结合上位规划及政策的总体要求，最终将南和县建设成为邢台市休闲体验示范区、冀南城乡一体化新亮点、河北省省级现代农业示范园区、京津冀产业融合发展模式创新区。

③功能定位 该项目规划在经济社会发展新常态下，根据国家、区域经济社会发展需求，南和县农业经济综合体在未来的创新发展过程中，借鉴国内外农业综合体发展的最新理念，基于区域综合基础条件，进行农业功能提升及拓展。在区域农业发展中将承载示范推广与品牌培育、产业融合与模式创新、文化传承与休闲体验、增收增效与合作共赢等多元功能，打造五大农业经济综合体发展板块，即设施农业集群、景观园艺（包括金米品牌）、宠物产业、电商物流和特色休闲。其中，宠物产业为特色发展产业，设施农业集群、特色休闲、宠物产业为主要发展内容。

④空间结构及布局 南和县农业经济综合体于2015年起开始规划建设，按照"嘉年华＋设施产业集群基地＋设施农用工业集群"的产业方向进行总体布局和发展。其中，农业嘉年华总规划面积占地2000余亩，设施面积达5万余平方米，设有综合服务区、创意风情馆、高新农业示范区、农业主题狂欢乐园和精致乐活体验区。项目区规划整体形成"一心引领、一环串联、双轴协同、三区联动、多组团融合共生"的空间结构。"一心"即南和县农业嘉年华；"一环"即园区发展环线；"双轴"即生态发展轴、生态景观轴；"三区"即核心区（南和县农业嘉年华）、示范区（核心区外和项目区内）、辐射区（农业经济综合体进行技术示范推广和大宗农产品生产的场所）；"多组团"即以宠物产业、现代物流业、景观园艺、设施农业、文化体验为主题的综合功能组团（图6-10）。

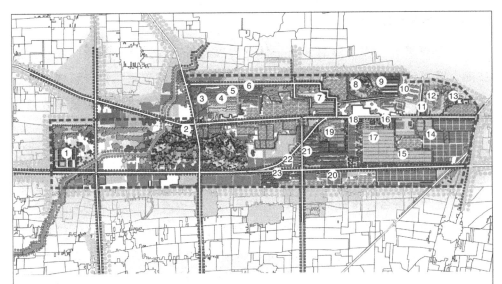

1. 农产品现代物流园；2. 宠物产业综合园；3. 森林氧吧乐活园；4. 家庭园艺园；5. 凝霞秋色；6. 碧草连天；7. 金色禾谷园；8. 花海融春；9. 玫瑰谷；10. 益和菌菇园；11. 古韵流芳；12. 南和三曲；13. 观音文化体验区；14. 标准化生产示范区；15. 设施农业企业孵化区；16. 科技创新探索区；17. 设施农业公园；18. 葡提满园；19. 农业嘉年华；20. 种苗繁育基地；21. 树莓谷；22. 果蔬梦工厂；23. 阳光果园

图6-10 南和县重点项目分布区图

南和县设施农业产业集群规划设计 140 公顷，模块化布局，以 10 公顷为一个可以独立运营的生产模块单元，目前投产运营的设施农业产业集群一期占地 16 公顷，配套有国际最先进的智能化环控、地面潮汐灌溉等硬件设施，拥有强大的技术支撑。以优质番茄、彩椒、黄瓜等水果型绿色生食鲜蔬为核心产品（图6-11）。

（4）保障措施

南和县农业经济综合体保障措施体系主要包括政策保障、资金保障、土地保障和人才保障 4 个方面。

①政策保障 政府需从土地使用、财政补助、人才技术、项目扶持、招商引资等方面给予重点扶持，出台相应的配套政策，实施有效的保障措施，促进项目区内农业产业快速发展。

②资金保障 需要确立项目区现代农业发展财政投入的持续稳定保障机制，明确资金来源渠道、建立财政来源和预算相关机构，拓宽资金筹措渠道

图6-11　南和县设施农业产业集群组图

形成资金来源库，建立财政支出监督部门等。

③土地保障　要合理进行土地利用规划，推进土地有序流转，促进规模化经营，增加农民收入、积累建设资金，提高农民非农转移的稳定性，弱化城乡二元体制，并推进城乡一体化进程，实现项目区"三农"经济快速发展。

④人才保障　项目区应通过农业科技人才引进和新型农村人才培育，构建现代农业人才保障体系，增强项目区内农业的科技创新和农民脱贫致富的能力，以便更好地适应南和县及邢台市现代农业发展，推进社会主义新农村建设。

（5）案例解读

①规划理念

a. 南和县紧抓京津冀协同发展机遇，借助京津科技人才优势，以农业嘉年华为核心，规划投资10亿元的万亩农业经济综合体项目，分别建设创意农业体验区、高效设施农业集聚区、宠物产业综合园区、文化体验区、景观园艺生产示范区和农产品现代物流园区等8个项目，通过有效配置科技、人才、资金等要素，打造国际化品牌。

b. 项目以现代农业园区为载体，以农味为基本元素，以科技创新为手段，有机协调农业的生产、生活、生态功能，打造集娱乐、创意、研发、地产、会展、博览等多功能为一体的复合型、创新型的产业综合体和现代农业经济综合体。

②南和县农业经济综合体特色创新

a. 以农业嘉年华为核心带动。南和县农业嘉年华设有综合服务区、创意风情馆、高新农业示范区、农业主题狂欢乐园和精致乐活体验区，为周边城市居民提供休闲体验场所，提供直接就业岗位500多个。同时，带动了当地旅游项目的兴起，更带动了周边农业种植结构的调整，并逐步形成了以农业嘉年华为中心，以红树莓、设施蔬菜、中药材及苗木等为种植基地的特色农业园，年可带动万余农民增收2000多元，农业效益大大提升。

b. 设施农业产业集群集中体现的科技元素。通过引进国外一系列先进的设施生产设备和管理系统，大大提高了生产效率，降低了后期的运营成本。引进荷兰高科技农业种植理念及科技设备，搭建荷兰智能温室，采用水肥一体滴灌系统，严格按照欧盟的农业认证标准进行生产。通过设施高效栽培，合理的茬口安排，提高蔬菜产品的品质、果菜的商品率和市场价值，实现周年不间断持续高产，增加产品的市场竞争力。通过设施农业的供给侧改革，实现转型升级，使设施生产由传统的低投入、低产出、低质量、高劳动强度转变为高效率、高产出、高质量、低劳动强度的集约化生产形式。项目的建设促进了南和县的地区经济建设和环保事业的发展，有效地拉动了当地需求和经济发展。

河北省石家庄市藁城区田园综合体

（1）项目简介

河北省石家庄市藁城区是河北省省会东大门，是石家庄市打造京津冀世界级城市群"第三极"的重要组成部分，2017 年荣获"河北省文明城区"和"2017 年度全国综合实力百强区"称号。石家庄市藁城区田园综合体建设试点项目的项目区涉及廉州镇、岗上镇、南营镇 3 个乡镇，共 11 个村，总面积约 5.97 万亩。

（2）项目发展优势与制约因素分析

①发展优势

a. 战略区位优越。项目区西邻石家庄主城区和规划建设中的正定新区，交通便捷。

b. 自然条件优越。项目区热量条件良好，无霜期 190 天。地势平坦，富硒土壤面积达 28.23 万亩。

c. 农业基础良好。藁城区形成了以优质粮食、绿色蔬菜、畜牧养殖、优质果品为主导的四大农业产业，特色突出。

d. 人文旅游资源丰富。石家庄市藁城区历史悠久，古迹众多。台西商代遗址是国家级重点文物保护单位，宫灯文化旅游节、梨花节等特色活动也深受大众喜爱。

②发展制约因素

a. 农业现代化仍处于发展阶段。在物质装备水平、科技推广水平、经营管理水平等方面有待加强。

b. 农业服务水平低。提供专业技术、农资、设备等的组织、企业欠缺，自前期种子提供到后期加工的整个流程服务体系不成熟。

c. 水资源不足。石家庄市藁城区位于河北省地下水超采区，地表水相对不足，对于产业发展有一定的影响。

③发展思路　规划所通过对当地基础现状的优势与制约因素分析，提出：稳粮牧、优菜果、强流通、兴休闲、建循环；做精优质麦产业，加工小包装、精包装、功能性营养复合面粉等，依托优质麦全产业链打造一批知名品牌；发展果蔬优新品种，丰富菜篮子供给，按照绿色标准生产，供应优质产品；打造优质强筋麦和绿色果蔬两个核心产业集群，结合麦文化、农耕文化、历史文化、养生文化等产业对农产品和农事体验活动进行创意策划设计，推动"非遗传承人 + 游学者 + 文旅公司"的非遗文化旅游业发展。

（3）目标定位与布局

①指导思想　围绕优质强筋麦和高端设施果蔬两个重点产业，融合工贸游创等产业综合发展；依托基础设施和公共服务建设初步完善的美丽乡村，整合高标准农田、农园等空间，构建田、园、村融合的空间格局；发展集体经济、合作经济，吸引、联合农业科研院所、农业企业合作共建，通过村企合作、院企合作、村社一体等形式参与田园综合体建设；促进就地城镇化、农民就地就业增收、农产品就地转化增值和无缝销售流通；按照产、村、园一体发展模式建设，打造石家庄市都市农业创新样板和我国华北平原地区田园综合体建设典范。

②目标定位　通过该项目的建设发展和模式推广带动整个石家庄市藁城区以及周边地区的农业、经济和社会发展，为河北省、华北地区平原区域的田园综合体建设提供典范。借助国内外都市农业发展的最新理念，承载智慧生产、科技引领，产业融合、乡村重塑，文化传承、休闲体验，生态营造、城乡一体等功能。率先实现农业现代化，使农民收入得到切实提高，农业发展方式转变取得明显成效，农业体制、机制创新力进一步增强，产业融合发展的格局基本建立，城乡一体化水平显著提高。

③空间结构及布局　根据项目区资源禀赋、产业基础、资源承载力和政策市场环境等因素，对项目现状农业、农村空间布局进行优化提升，形成"田园村结合、交通发展轴串联"的空间格局，重点建设 5 类重点项目、25 个子项目、11 个乡村旅游村。"田"是高标准、成规模的景观农田；"园"是已经形成一定规模的、成熟的或者正在规划的农场、农业园区，及与美丽乡村紧密结合的中小型农业庄园；"村"是环境美、产业美、精神美、生态美的美丽乡村。项目区与

石家庄市主城区及藁城区通过便捷的交通连接，实现人流、物流、信息流的无缝对接，田、园、村之间由便利的道路连接，使绿色大田、休闲农场、创意农园、美丽乡村等空间由点连线、由线成面，使整个综合体全面一体化发展。

（4）利益联结机制

以市场为导向、以资源为基础、以环境保护为前提、以农户参与为重点，推动建立乡村内部的造血机制，以农民增收为主要目标，通过一产经营、新增就业、盘活资产等多种方式，为村民探索增收渠道。通过构建 ppp 模式和"四位一体"的运行模式，将田园综合体的建设效益与农民的利益深度耦合。具体的利益联结模式主要有以下 5 种。

①"村集体 + 农户"模式　组建村集体经济股份合作社，按股分红，鼓励农村集体经济组织充分利用现有资源，从事多行业、多形式经营，多渠道增加集体收入。

②"农民专业合作社 + 农户"模式　开展土地托管服务、土地股份合作，提升农业规模化经营水平，重点扶持土地经营规模相当于藁城区户均承包地面积 10～15 倍、务农收入相当于当地二三产业务工收入的规模经营。

③"企业 + 村集体/农民专业合作社 + 农户"模式　组织农户共同成立农民专业合作社，进行规范化管理。后期引入企业对相关资源进一步开发管理。农民可以通过入股及入企就职等方式获得稳定分红及工资收入。

④"科研 + 公司 + 基地 + 企业 + 农户"模式　藁城区农科所实施区域化种植、规模化生产、产业化经营战略，引导粮食收贮和面粉加工企业参与优质麦购销，建立优质小麦订单生产保护价收购模式。

⑤"村社一体、合股联营"模式　采取"村集体 + 农民专业合作社 + 企业 + 农户"的发展模式，在杜村、石井村等村，鼓励村民以土地、资金与合作社联营，按照合理的收益分配模式进行利润分成，促进村集体与村民"联产联业""联股联心"。

（5）案例解读

河北省石家庄市藁城区田园综合体项目以都市田园为特色，打造魅力藁城区。该项目围绕藁城区优质强筋麦和高端设施果蔬两个重点产业，以农业产业为基础，融合工贸游创等产业综合发展，完善乡村的公共基础服务设施。

6.4 田园综合体实践研究成果

这部分内容是规划所在多年从事"三农"建设实践中总结的经验，以及对未来田园综合体发展方向的探索与前景展望，并非定论，不当之处望业内人士批评指正，并在交流探讨的基础上共同为建设美丽乡村献计献策。

农业嘉年华圈层引动发展模式

规划所与中农富通合作，以国家发展战略为导向，以田园综合体为抓手融入乡村振兴战略，在全国范围坚持做精品项目，通过不断对田园综合体的内涵外延与发展模式进行研究探索，升级田园综合体。

以圈层引动田园综合体的发展模式，通过打造区域增长极核，以"科技+产业+旅游+N"的形式，引爆区域圈层式发展，形成集现代农业、休闲旅游、田园社区为一体的乡村综合发展模式（图6-12）。

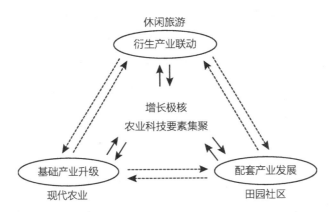

图6-12　田园综合体发展模式图

农业嘉年华集生产、休闲、体验、文化创意、会展、餐饮、服务等多种业态于一体，与周边美丽乡村共同发展，承载展现乡村文化的职能，并担当城乡要素融合的平台，是新常态下我国田园综合体发展的一种新形式。

农业嘉年华能够将农业科技、人才、企业、资金、政策等要素集聚，形成田园综合体增长极核，成为田园综合体的核心区和引爆点，具备强大的集聚和扩散效应（图6-13）。

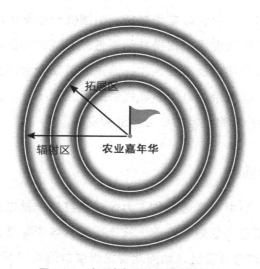

图6-13 农业嘉年华辐射带动模式图

农业嘉年华是一个以农业为基础、科技为支撑、旅游为特色、文化为纽带、乐活为目标打造的精品项目，承载着拉动并引爆地方经济发展的功能。成功的农业嘉年华项目能够在短时间内集聚人气，成为产业融合发展的综合平台，促进多业态的整合发展；是引领农业高科技项目和农企的孵化器，成为区域农业科技制高点；是区域现代农业的会展窗口，成为农业科技交流平台；也是三效合一的市场化项目，通过自身的可持续发展，带动区域经济。总的来说，通过农业嘉年华的建设，能够促进农业升级增效、农民增收致富，带动乡村绿色发展，促进城乡资源要素流动，融合发展。

近几年，规划所与中农富通紧跟"京津冀一体化""农业走出去"等国家发展战略，将农业嘉年华实践融入国家区域发展战略，在全国各政策热点地区规划近20个农业嘉年华新业态项目（其中10个项目已建成，并成功运营），每个农业嘉年华展示1200个农业新品种，示范推广300~400项农业科技，农业嘉年华每年吸引超过千万的游客。规划所和中农富通通过农业嘉年华平台，创新农业科技推广模式，创新田园综合体发展，助推乡村振兴，取得了良好的社会效益。

经过近几年的探索与实践，农业嘉年华项目逐渐被各级政府和各地园区认可，在田园综合体、农业公园及现代农业产业园内落地，并发展进入到一个更高、更新、更具内涵的阶段。

2017 年 11 月 11 日，由中农富通发起的"中国农业嘉年华产业联盟成立发布会"在河北南和县农业嘉年华举行。中国农业嘉年华产业联盟以促进农业嘉年华项目的可持续发展，保持其创新性、引领性和带动性为宗旨，汇聚全国优秀农业嘉年华项目及农业人才，通过联盟整合全产业链，在全国形成农业嘉年华网络，以点带面，为业界提供交流互动平台，促进资源共享和互利共赢，进一步提升和带动地方农业产业的发展。

田园综合体发展前瞻

近年来规划所与中农富通合作，力争成功打造一批田园综合体项目，一直深度参与这些项目的规划、设计、施工、运营各个环节，目前在全国已建成 10 个类似田园综合体项目，如河北青龙满族自治县田园综合体（即将建成并运营）、广西玉林五彩田园（已规划建成、成功运营，并升级为田园综合体）、湖北柑橘国家农业公园（目标成为国家农业公园，并升级为田园综合体）。

在乡村振兴战略背景下，规划所与中农富通持续创新，将新理念、新业态、新模式进行总结推广。未来将从以下几个方面助力乡村振兴伟大战略。

首先，田园综合体是乡村振兴的创新发展模式之一，农业嘉年华则是田园综合体的有力支撑。未来，将围绕农业嘉年华的可持续发展和地方经济的发展进行拓展、延伸，扎根地方农业发展和美丽乡村建设，在自身升级的基础上，发挥更大的带动引领作用。同时，将逐步探索农业嘉年华多业态、多功能融合、多模式可持续发展，计划在国内各省分别打造 1 个具有地方特色的农业嘉年华，带动周边及省内农业现代化发展。从全国角度来看，每个省的农业嘉年华项目将形成网络布局，通过已成立的中国农业嘉年华产业联盟有机整合国内相关资源要素，助推乡村振兴。

其次，规划所多年来致力于农业科技服务事业，是中国农业大学重要的科技成果综合推广平台之一。中国农业大学提出"顶天立地"的科研创新工作追求，规划所扎根"立地"，依托中国农业大学及国内科研院校、国外涉农机构，整合国内外资源，积极创新"三农"服务模式。参与农业生产、农产品流通、农业科技服务、农业培训等多领域，真正参与我国乡村发展建设。

中国要强，农业必须强；中国要美，农村必须美；中国要富，农民必须富。田园综合体作为乡村振兴的一种新的业态和模式，未来必将为探索"三农"发展提供新平台和新引擎。

附 录

附录 1　中央、国家部委田园综合体相关政策及规划目录

附录 2　省级田园综合体政策目录

附录 3　部分专家观点目录

附录 1 中央、国家部委田园综合体相关政策及规划目录

①《决胜全面建成小康社会 夺取新时代中国特色社会主义伟大胜利》（2017.10.18）十九大报告. http://www.12371.cn/2017/10/19/ARTI150836774946 6430.shtml.

②《中共中央 国务院关于实施乡村振兴战略的意见》（2018.1.2）中共中央、国务院. http://www.gov.cn/gongbao/content/2018/content_5266232.htm.

③《农业部关于大力实施乡村振兴战略加快推进农业转型升级的意见》（2018.2.13）农业部. http://www.moa.gov.cn/xw/zwdt/201802/t20180213_ 6137182.htm.

④《关于深入推进农业供给侧结构性改革加快培育农业农村发展新动能的若干意见》（2017.2.5）中央一号文件. http://sousuo.gov.cn/column/30471/ 2.htm.

⑤《关于开展田园综合体建设试点工作的通知》（2017.5.24）财政部. http://nfb.mof.gov.cn/zhengwuxinxi/zhengcefabu/xiangmuguanlilei/ 201706/ t20170601_2613307.html.

⑥《关于做好 2017 年田园综合体试点工作的意见》（2017.6.1）财政部. http://www.mof.gov.cn/mofhome/nongyesi/zhengfuxinxi/czpjZhengCeFaBu_ 2_2/201706/t20170619_2626547.html.

⑦《开展农村综合性改革试点试验实施方案》（2017.6.5）财政部. http://www. mof.gov.cn/mofhome/nongyesi/zhengfuxinxi/czpjZhengCeFaBu_2_2/201706/ t20170608_2618683.html.

⑧《关于开展田园综合体建设试点工作的补充通知》（2017.6.13）国家农业综合开发办公室. 规划所内部资料.

⑨《深化农村改革综合性实施方案》（2015.11.2）中共中央办公厅、国务院办公厅．http://www.mof.gov.cn/mofhome/nongyesi/zhengfuxinxi/czpjZhengCeFaBu_2_2/201706/t20170608_2618683.html．

⑩《国务院办公厅关于推进农村一二三产业融合发展的指导意见》（2015.12.30）国务院办公厅．http://www.gov.cn/zhengce/content/2016-01/ 04/content_10549.htm．

⑪《国家发改委关于加快发展农业循环经济的指导意见》（2016.2.1）国家发改委．http://www.ndrc.gov.cn/zcfb/zcfbtz/201602/t20160204_774444.html．

⑫《全国农业现代化规划（2016-2020年）》（2016.10.17）国务院．http://www.nhfpc.gov.cn/bgt/gwywj2/201610/d4a85241932646939d47779761fa4369.shtml．

⑬《全国农产品加工业与农村一二三产业融合发展规划（2016-2020年）》（2016.11.14）农业部．http://www.moa.gov.cn/govpublic/XZQYJ/201611/t20161117_5366803.htm?from=timeline&isappinstalled=0．

⑭《关于推进农业供给侧结构性改革的实施意见》（2017.2.6）农业部．http://www.moa.gov.cn/govpublic/BGT/201702/t20170206_5468139.htm．

⑮《关于大力发展休闲农业的指导意见》（2017.5.25）农业部会同国家发改委、财政部等14部门．http://www.moa.gov.cn/govpublic/XZQYJ/201609/t20160902_5262939.htm．

⑯《关于加快构建政策体系培育新型农业经营主体的意见》（2017.5.31）中共中央办公厅、国务院办公厅．http://www.gov.cn/zhengce/2017-05/31/content_5198567.htm．

⑰习近平《决胜全面建成小康社会，夺取新时代特色社会主义伟大胜利》［R/OL］．北京：人民出版社，2017-10．

⑱中农富通．田园综合体建设要点精华版［EB/OL］．（2017-11-17）．http://www.caufutong.com/article/1455.html．

附录2　省级田园综合体政策目录

①河北省财政厅关于转发财政部《关于开展田园综合体建设试点工作的通知》（冀财农发〔2017〕13号）（2017.6.1）. 规划所内部资料.

②河北省农业综合开发办公室关于印发《田园综合体建设试点优选工作实施方案》的通知（冀农发办〔2017〕56号）（2017.6.14）. http://www.hebcz.gov.cn/root17/zfxx/201706/t20170616_266508.html.

③《福建财政厅关于申报农业综合开发田园综合体建设试点项目有关事宜的通知》（闽财发〔2017〕13号）（2017.6.15）. http://www.fjcz.gov.cn/web/czt/article.do?noticeId=13ECA9165056A75C849CC6125429CACA.

④海南省财政厅转发财政部《关于开展田园综合体建设试点工作的通知》（琼财农发〔2017〕798号）（2017.6.7）. http://xxgk.hainan.gov.cn/hi/HI0106/201706/t20170622_2349491.htm.

⑤海南省人民政府《关于以发展共享农庄为抓手建设美丽乡村的指导意见》（琼府〔2017〕65号）（2017.7.25）. http://xxgk.hainan.gov.cn/hi/HI0101/201708/t20170803_2387144.htm.

⑥广西壮族自治区财政厅《关于开展田园综合体建设试点项目申报工作的通知》（桂财发〔2017〕13号）（2017.6.15）. http://www.gxcz.gov.cn/gxzzzzqczt/gzdt/tzgg/201706/t20170615_65439.html.

⑦广东省财政厅、农业厅、省委农村工作办公室《关于做好田园综合体试点申报的通知》（粤财农函〔2017〕123号）（2017.6.19）. http://www.nfncb.cn/content-1169-1146107-1.html.

⑧浙江省财政厅《关于做好美丽乡村田园综合体试点示范申报工作的通

知》（浙财基〔2017〕15 号）（2017.6.7）. http://www.zjwclw.cn/zdxx/xwlb/view3.jsp?id=5717535&lmid=31189&zdid=54784.

⑨江苏省财政厅《关于开展田园综合体建设试点工作的通知》（苏农改办〔2017〕8 号）（2017.6.12）. http://czt.jiangsu.gov.cn/art/2017/8/29/art_7734_5415591.html.

⑩山东省财政厅《关于申报 2018 年农业综合开发支持田园综合体建设试点项目的通知》（鲁财农发土〔2018〕1 号）. 规划所内部资料.

附录3 部分专家观点目录

（1）学者观点

①陈剑平 中国科学院院士、中国工程院院士、浙江省农业科学院院长

观点参见：农业综合体：推动区域现代农业发展的新载体［N］. 农民日报，2012-11-03.

②刘奇 中国农业经济学会副会长，清华大学中国农村研究院首席专家

观点参见：360个人图书馆. 田园综合体永远不要与趋势为敌［EB/OL］. （2017-08-16）. http://www.360doc.com/content/17/0816/22/30214551_679749172.shtml.

③孔祥智 中国人民大学农业与农村发展学院教授

观点参见：中国网. 解读一号文件：让农民成令人羡慕的职业关键在哪儿？［EB/OL］. （2017-02-07）. http://www.china.com.cn/news/txt/2017-02/07/content_40237013.htm.

④杨礼宪 农业部社会事业发展中心副处长、办公室副主任

观点参见：合作社：田园综合体建设的主要载体［J］. 中国农民合作社，2017（3）：27-28.

（2）领导观点

①唐仁健 中国共产党第十九届中央委员会委员，甘肃省委副书记，省长、省政府党组书记

观点参见：新华社. 新阶段"三农"工作的新主线——唐仁健解读2017年中央一号文件［EB/OL］. （2017-02-05）. http://www.xinhuanet.com/politics/

2017-02/05/c_1120413712.htm.

②卢贵敏 国家农业综合开发办公室主任

观点参见：卢贵敏. 以农业综合开发为平台建设田园综合体试点［N］. 农民日报，2017-06-19.

③韩俊 中央农村工作领导小组办公室副主任

观点参见：新篮网. 中央一号文件：允许通过宅基地整理等节约建设用地［EB/OL］.（2017-02-06）. http://n.cztv.com/news/12409827.html.

④程郁 国务院发展研究中心农村部研究室主任、研究员

观点参见：搜狐网. 解读丨田园综合体打造三产融合升级版［EB/OL］.（2017-06-08）. http://www.sohu.com/a/147070651_115495.

［1］前瞻产业研究院. 2018—2023 年中国城市综合体发展前景与投资价值预测分析报告 ［R/OL］.［2018-8-27］. https://bg.qianzhan.com/report/detail/04a06939dbd749bd. html.

［2］马晓龙，李维维. 城市旅游综合体：概念建构与理论来源［J］. 人文地理， 2016，（01）.

［3］王景辉. 旅游综合体开发模式专题研究［R/OL］.［2018-09-20］. http://www. doc88.com/p-7498798395317.html.

［4］毛润泽. 旅游综合体：概念、类型与模式［A］. 第十五届全国区域旅游学术开 发研讨会暨度假旅游论坛论文册［C］. 四川：四川大学出版社，2010：7-11.

［5］凤凰网. 大型旅游综合体项目成为我国旅游投资新亮点［EB/OL］.（2016-11- 03）.［2018-09-20］. http://sd.ifeng.com/a/20161103/5114921_0.shtml.

［6］互动百科. 商业综合体［EB/OL］.［2018-09-20］. http://www.baike.com/wi ki/%E5%95%86%E4%B8%9A%E7%BB%BC%E5%90%88%E4%BD%93.

［7］豆丁建筑. 商业综合体——高层酒店建筑设计大全［EB/OL］.［2018-09-20］. http://jz.docin.com/p-2038259516.html.

［8］文档投稿赚钱网. 商业综合体的发展趋势及成功要素研究报告.［R/OL］. ［2018-09-20］. https://max.book118.com/html/2017/0914/133861418.shtm.pdf.

［9］卓永发，熊登海. 关于推进现代高效农业园区向新型农村综合体发展的思考［J］. 乌蒙论坛，2015，（05）：38-41.

［10］董进智. 新农村综合体建设的若干问题［EB/OL］.（2012-04-19）.［2018-09-20］. http://www.docin.com/p-428538736.html.

［11］陈剑平. 农业综合体：推动区域现代农业发展的新载体［N］. 农民日报，2012-11-03.

［12］章伟江，胡豹，王丽娟，等. 现代农业综合体运行机制研究—基于绿城现代农业综合体的实践［J］. 农业经济，2014,（05）：9-11.

［13］张天柱. 现代农业园区规划理论与实践［M］. 河南：中原农民出版社，2016.

［14］豆丁网. 绿维创景：新型城镇化背景下的"农业休闲综合体"开发思路［EB/OL］.（2014-01-24）.［2018-09-20］.http://www.docin.com/p-1217327293.html.

［15］卢贵敏. 以农业综合开发为平台建设田园综合体试点［EB/OL］.［2017-06-21］. http://www.cdnj.gov.cn/art/2017/6/19/art_9328_1082826.html.

［16］搜狐网. 探讨：田园综合体发展背景、内涵及意义［EB/OL］.（2017-05-04）.［2018-09-20］. http://www.sohu.com/a/138256308_247689.

［17］庄园学院. 田园综合体是怎么回事［EB/OL］.（2017-03-16）.［2018-09-20］. http://www.sohu.com/a/129060791_630264.

［18］中国农村网. 关于田园综合体建设的思考与建议［EB/OL］.（2017-08-12）.［2018-09-20］. http://www.sc3n.cn/nd.jsp?id=8890.

［19］田园综合体打造三产融合升级版［N］. 中国经济时报，2017-06-08.

［20］百度文库. 田园综合体申报指南［EB/OL］.（2018-03-06）.［2018-09-20］. https://wenku.baidu.com/view/68f163260a4e767f5acfa1c7aa00b52acfc79cbc.html.

［21］河北共产党员网. 国家样本：迁西"花乡果巷"［EB/OL］.（2017-11-01）.［2018-09-20］. http://www.hebgcdy.com/dfpd/system/2017/11/01/030290393.shtml.

［22］迁西县人民政府. 花乡果巷项目被确定为国家田园综合体试点项目［EB/OL］.（2017-07-13）.［2018-09-20］.http://www.qianxi.gov.cn/ArticleShow.asp?ArticleID=12841.

［23］山西新闻网. 国家农发办主任卢贵敏在襄汾对开展田园综合体建设试点工作进行调研［EB/OL］.（2017-06-09）.［2018-09-20］.http://www.sxrb.com/sxxww/dspd/lfpd/xszc/6859450.shtml.

［24］黄河新闻网.乔飞鸿专题研究田园综合体项目建设工作并进行安排部署［EB/OL］.（2018-01-10）.［2018-09-20］. http://lf.sxgov.cn/content/2018-01/10/content_8532408.htm.

［25］四子王旗人民政府.四子王旗被确定为2017年度国家级田园综合体试点旗县［EB/OL］.（2017-08-28）.［2018-09-20］.http://www.szwq.gov.cn/Alone/Details/7158.html.

［26］中华人民共和国财政部.内蒙古锡盟苏尼特左旗召开田园综合体建设工作座谈会［EB/OL］.［2018-09-20］. http://www.mof.gov.cn/xinwenlianbo/neimenggucaizhengxinxilianbo/201708/t20170830_2687207.htm.

［27］搜狐网.2018年乌兰察布市政府工作报告［R/OL］.（2018-01-12）.［2018-09-20］. http://www.sohu.com/a/216250596_99949552.

［28］中华人民共和国财政部.内蒙古包头市土右旗财政局多措并举全力助推大雁滩田园综合体试点项目进程［EB/OL］.［2018-9-20］. http://www.mof.gov.cn/xinwenlianbo/neimenggucaizhengxinxilianbo/201712/t20171208_2769635.htm.

［29］中华人民共和国财政部.内蒙古自治区级田园综合体建设试点落户赤峰市红山区［EB/OL］.［2018-09-20］. http://www.mof.gov.cn/xinwenlianbo/neimenggucaizhengxinxilianbo/201708/t20170825_2684019.htm.

［30］赤峰市人民政府.红山区建设"红山田园综合体"培育经济发展新的增长极［EB/OL］.（2017-11-10）.［2018-05-22］.http://www.chifeng.gov.cn/xxgk/dtxx/zwdt/qxzw/hsdt/2017-11-10-164513.html.

［31］中华人民共和国财政部.内蒙古呼和浩特市财政局积极调研指导助力托县成功申报自治区田园综合体试点项目［EB/OL］.（2017-07-31）.［2018-9-20］. http://www.mof.gov.cn/mofhome/mof/xinwenlianbo/neimenggucaizhengxinxilianbo/201708/t20170811_2671027.htm.

［32］南京市人民政府.南京溪田田园综合体获财政部首批田园综合体建设试点示范项目［EB/OL］.（2017-08-25）.［2018-09-20］.http://www.nanjing.gov.cn/xxzx/bmkx/201708/t20170825_4937270.html.

［33］中国江苏网.南京唯一国家级试点溪田田园综合体亮相［EB/OL］.（2017-10-11）.［2018-09-20］. http://jsnews.jschina.com.cn/nj/a/201710/t20171011_1103762.shtml.

［34］兴化新闻网.国家田园综合体试点项目有序推进［EB/OL］.（2018-02-07）.

［2018-09-20］. http://xinghuanews.net/content.html?key=5a7a58a2f246ada d0a8b45cb.

［35］兴化市人民政府. 庄兆林来我乡调研千垛田园综合体建设［EB/OL］.（2018-01-04）.［2018-09-20］. http://www.xinghua.gov.cn/jcms/jcms_files/jcms1/ web1/site/view/art/2018/1/4/art_8491_448573.html.

［36］新浪网. 田园综合体试点案例之安吉"田园鲁家"［EB/OL］.（2017-12-25）. ［2018-09-20］. http://k.sina.com.cn/article_6366547544_17b79ce58001002 68t.html.

［37］新华网. 安吉打造田园综合体发展美丽经济 田园鲁家日日兴［EB/OL］. （2017-12-08）.［2018-09-20］. http://www.zj.xinhuanet.com/2017-12/08/ c_1122079068.htm.

［38］手机新浪网. 绍兴首个国家级田园综合体亮相柯桥区漓渚［EB/OL］.（2018-03-04）.［2018-09-20］. http://zj.sina.cn/shaoxing/2018-03-05/detail-ifwnpcnt9560678.d.html.

［39］浙江新闻. 漓渚镇"花香漓渚"入选全国首批国家田园综合体试点项目［EB/ OL］.（2017-08-03）.［2018-09-20］.http://zjnews.zjol.com.cn/zjnews/ sxnews/201708/t20170803_4729826.shtml.

［40］大武夷新闻网. 五夫成为田园综合体建设国家级示范点［EB/OL］.（2017-07-16）.［2018-09-20］. http://www.greatwuyi.com/bdxw/content/2017-07/16/ content_1213956.htm.

［41］中国武夷山市政府网. 市委书记马必钢、市长林旭阳高度重视推动我市申报全 省竞争立项国家级田园综合体项目［EB/OL］.（2017-06-16）.［2018-09-20］. http://wys.gov.cn/show.aspx?ld=392941&ctlgid=53264268.

［42］凤凰网. 中国高安·巴夫洛田园综合体［EB/OL］.（2018-08-16）.［2018-09-20］. http://wemedia.ifeng.com/73936620/wemedia.shtml.

［43］宜春市财政局. 我市高安田园综合体试点建设工作获省财政厅通报表扬［EB/ OL］.（2018-03-28）.［2018-09-20］. http://xxgk.yichun.gov.cn/ycsczj/ xxgk/gzdt/zwdt/201803/t20180328_539332.html.

［44］中国江西网. 民建省委：打造江西特色的田园综合体［EB/OL］.（201801-25）. ［2018-09-20］. http://www.jxcn.cn/system/2018/01/25/016718539.shtml.

［45］百家号. 不一样的旅途：凤凰沟风景区［EB/OL］.（2017-11-09）.［2018-

09–20］. https://baijiahao.baidu.com/s?id=1583524652151090696&wfr=spider&for=pc.

［46］临沂市归国华侨联合会. 临沂朱家林田园综合体：打造多彩田园纯净生活［EB/OL］.（2017–11–23）.［2018–09–20］. http://www.lysql.gov.cn/dongtai/bendi/201711/231188.html.

［47］百家号. 田园综合体建设的"山东模式"：沂南县朱家林创意小镇［EB/OL］.（2018–02–28）.［2018–09–20］. https://baijiahao.baidu.com/s?id=1593617063948390159&wfr=spider&for=pc.

［48］临沂市人民政府. 关于2017年度临沂市沂南县朱家林田园综合体项目市级评审结果的公示［EB/OL］.（2017–11–06）.［2018–09–20］. http://www.linyi.gov.cn/info/1073/85796.htm.

［49］昌邑市人民政府. 潍水田园综合体建设如火如荼［EB/OL］.（2017–08–30）.［2018–09–20］. http://www.changyi.gov.cn/cydt/bmdt/201708/t20170830_1900221.html.

［50］昌邑市人民政府. 昌邑市潍水田园综合体项目建设协调会议召开［EB/OL］.（2017–08–02）.［2018–09–20］. http://www.changyi.gov.cn/cydt/cyyw/201708/t20170802_1890048.html.

［51］浚县人民政府. 我县"醉美麦乡"田园综合体建设国家级试点建设初见成效［EB/OL］.（2017–11–28）.［2018–09–20］. http://www.xunxian.gov.cn/zhengfudongtai/bmdt/2017–11–28/3208.html.

［52］孟津县人民政府. 省财政厅调研组来孟调研"十里多彩长廊"田园综合体项目情况［EB/OL］.（2017–06–29）.［2018–09–20］. http://www.mengjin.gov.cn/webfiles/jrmj/zwyw/2017/0629/22679.html.

［53］孟津县人民政府. 财政部田园综合体督导组到孟津调研督导田园综合体项目［EB/OL］.（2017–11–24）.［2018–09–20］. http://mengjin.gov.cn/webfiles/jrmj/ttxw/2017/1124/25355.html.

［54］新华网. 湖南率先建设、率先获批国家级田园综合体项目［EB/OL］.（2017–10–01）.［2018–09–20］. http://www.hn.xinhuanet.com/2017–10/01/c_1121754854.htm.

［55］汝城新闻网. 沙洲田园综合体项目开工［EB/OL］.（2017–09–01）.［2018–09–20］. http://www.rcnews.gov.cn/xinwen/bendi/31923.html.

［56］娄底新新网. 新化打造全国田园综合体建设样板［EB/OL］.（2017–10–10）.［2018–09–20］. http://www.xxcmw.com/news/2017/10/100908324607.html.

［57］南宁市旅游政务网. 南宁市美丽南方入选国家田园综合体试点［EB/OL］.（2017–07–18）.［2018–09–20］. http://ly.nanning.gov.cn/zwgk/dtxw/201707/t20170718_758140.html.

［58］海南省财政厅. 关于海南省2017年田园综合体试点候选项目的公示［EB/OL］.（2017–07–21）.［2018–09–20］. http://mof.hainan.gov.cn/czt/tslm/nyzhkf/tzgs/201707/t20170721_2375998.html.

［59］海口市人民政府. 海口市财政局关于支持做好田园综合体建设试点工作的请示［EB/OL］.（2017–06–15）.［2018–09–20］. http://www.haikou.gov.cn/pub/root9/0104/201706/t20170616_1082534.htm.

［60］海南省财政厅. 海南省财政厅关于下达2017年省级农业综合开发"田园综合体"试点项目财政补助资金的通知［EB/OL］.（2017–12–25）.［2018–09–20］. http://xxgk.hainan.gov.cn/hi/HI0106/201801/t20180108_2521261.htm.

［61］重庆市农业综合开发信息网. 江夏县长主持召开"三峡橘乡"田园综合体项目推进会［EB/OL］.（2018–01–31）.［2018–09–20］. http://bnz.cq.gov.cn/Html/1/kfdt/qxdt/2018–01–31/9908.html.

［62］江堰市人民政府. 山水都江堰·醉美天府源｜都江堰市田园综合体项目建设稳步推进［EB/OL］.（2018–07–20）.［2018–09–20］. http://www.djy.gov.cn/xwzx/gzdt/shxw/201807/t20180720_131942.html.

［63］百家号. 都江堰市获批建设四川省首个国家级田园综合体试点项目［EB/OL］.（2017–09–05）.［2018–09–20］. https://baijiahao.baidu.com/s?id=1577629256079920085&wfr=spider&for=pc.

［64］中华人民共和国财政部. 保山市隆阳区田园综合体建设试点实现良好开局［EB/OL］.［2018–09–20］. http://www.mof.gov.cn/mofhome/mof/xinwenlianbo/yunnancaizhengxinxilianbo/201802/t20180228_2823030.htm.

［65］云南网. 隆阳区田园综合体建设引热议［EB/OL］.（2018–02–28）.［2018–09–20］. http://baoshan.yunnan.cn/html/2018–02/28/content_5101201.htm.

［66］中华人民共和国财政部. 铜川市国家农业综合开发田园综合体建设试点项目获批［EB/OL］.［2018–09–20］. http://www.mof.gov.cn/xinwenlianbo/shan3xicaizhengxinxilianbo/201710/t20171031_2741624.htm.

［67］中华人民共和国财政部. 三秦农发"争创出"共圆诗意田园梦——陕西省田园综合体建设试点正式启动［EB/OL］.［2018-09-20］. http://www.mof.gov.cn/xinwenlianbo/shan3xicaizhengxinxilianbo/201709/t20170925_2711125.htm.

［68］陕西省财政厅. 陕西省田园综合体建设试点正式启动［EB/OL］.（2017-09-28）.［2018-09-20］. https://mp.weixin.qq.com/s/3ZHG0Cg0f2ZtYZ5R8ksnhQ.

［69］渭南市发展和改革委员会. 国家农发办赴临渭区检查田园综合体项目［EB/OL］.（2018-03-15）.［2018-09-20］. http://www.wndrc.gov.cn/zdlm/cdjsxmzd/xfgjfjbmxmjs/640292.htm.

［70］渭南市财政局. 国家农发办来我市检查临渭区"贤乡紫韵"田园综合体试点项目［EB/OL］.（2018-03-13）.［2018-09-20］. http://www.wnf.gov.cn/info/1006/11722.htm.

［71］兰州新闻网. 田园综合体建设让田园变"风景"［EB/OL］.（2017-07-30）.［2018-09-20］. http://rb.lzbs.com.cn/html/2017-07/30/content_78963.htm.

［72］詹玲, 蒋和平, 冯献. 国外休闲农业的发展概况和经验启示［J］. 世界农业, 2009,（10）: 47-51.

［73］搜狐网. 中央提出的"田园综合体"是什么? 做什么? 怎么做?［EB/OL］.（2017-05-14）.［2018-09-20］. http://www.sohu.com/a/140450875_499071.

［74］搜狐网. 草莓帝国——德国版的"田园综合体"［EB/OL］.（2017-04-13）.［2018-09-20］. https://www.sohu.com/a/133727420_443684.

［75］搜狐网. 田园综合体火爆, 具体怎么搞? 全球的经验都在这儿了!［EB/OL］.（2017-06-03）.［2018-09-20］. http://www.sohu.com/a/145859745_439931.

［76］ISTAT. Agritourism farms in Italy［EB/OL］.（2017-10-09）.［2018-09-20］. https://www.istat.it/en/archivio/204246.

［77］USA Today.Agricultural tours of Italy［EB/OL］.（2017-04-17）.［2018-09-20］. http://traveltips.usatoday.com/agricultural-tours-italy-27589.html.

［78］Only provence.The beautiful flowers of provence［EB/OL］.［2018-09-20］. http://www.onlyprovence.com/blog/the-beautiful-flowers-of-provence.

［79］搜狐网. 法国的九种农场, 你觉得哪一种更适合中国?［EB/OL］.（2017-08-14）.［2018-09-20］. http://www.sohu.com/a/164421071_159202.

［80］中国产业规划网. 国内外休闲农业发展经典案例［EB/OL］.［2018-09-20］. http://www.chanyeguihua.com/2056.html.

［81］360个人图书馆.【规划案例】五大国外经典休闲农场［EB/OL］.（2016-08-19）.［2018-09-20］. http://www.360doc.com/content/16/0819/21/15189412_584423188.shtml.

［82］百家号. 以"奇"为突破口，值得借鉴的韩国的周末农场［EB/OL］.（2017-04-28）.［2018-09-20］. https://baijiahao.baidu.com/s?id=1565883240133035&wfr=spider&for=pc.

［83］章伟江，胡豹，王丽娟，等. 现代农业综合体运行机制研究——基于绿城现代农业综合体的实践［J］. 农业经济，2014,（05）: 9-11.

［84］无锡市惠山区人民政府. 田园东方田园综合体项目［EB/OL］.（2014-09-22）.［2018-09-20］. http://www.huishan.gov.cn/default.php?mod=article&do=detail&tid=268297.

［85］张天柱. 台湾休闲农业与典型案例［M］. 北京: 中国轻工业出版社，2018.

［86］江西省人民政府. 南昌规划建设17个田园综合体［EB/OL］.（2018-03-26）.［2018-09-20］. http://www.jiangxi.gov.cn/xzx/jxyw/sxyw/201803/t20180326_1435110.html.

［87］中国江西网. 南昌规划建设一批"田园综合体"［EB/OL］.（2018-03-05）.［2018-09-20］. http://jiangxi.jxnews.com.cn/system/2018/03/05/016784801.shtml.

［88］搜狐网. 甘肃·泾川"七彩凤凰田园综合体"［EB/OL］.（2017-07-02）.［2018-09-20］. http://www.sohu.com/a/153780418_611748.

［89］中国农业信息网. 祁阳田园综合体建设如火如荼［EB/OL］.（2017-05-23）.［2018-09-20］. http://www.agri.cn/V20/ZX/qgxxlb_1/hunan/201705/t20170523_5617571.htm.

［90］中国农业信息网. 打造田园综合体 建设美丽新三家［EB/OL］.（2017-09-15）.［2018-09-20］. http://www.agri.cn/V20/ZX/qgxxlb_1/hunan/201709/t20170915_5816676.htm.

［91］蒲江万亩茶园提档升级 我省茶文化田园综合体启动［N］. 四川日报，2017-03-29.

［92］四川天府瑞城落子蒲江打造田园综合体［N］. 成都日报，2017-03-30.